MÜNSTERSCHWARZACHER KLEINSCHRIFTEN

herausgegeben
von Mönchen der Abtei Münsterschwarzach

Band 22

Anselm Grün OSB

Auf dem Wege

Zu einer Theologie des Wanderns

VIER-TÜRME-VERLAG MÜNSTERSCHWARZACH
1983

Anselm Grün

Auf dem Wege

Zu einer Theologie des Wanderns

VIER-TÜRME-VERLAG MÜNSTERSCHWARZACH
1983

CIP-Kurztitelaufnahme der Deutschen Bibliothek
Grün, Anselm:
Auf dem Wege : zu e. Theologie d. Wanderns /
Anselm Grün. -
Münsterschwarzach : Vier-Türme-Verlag, 1983.
　(Münsterschwarzacher Kleinschriften ; Bd.22)
　ISBN 3-87868-183-6
NE: GT

Gesamtherstellung: Vier-Türme-Verlag, D-8711 Münsterschwarzach
© by Vier-Türme-Verlag, Münsterschwarzach
ISSN 0171-6360
ISBN 3-87868-183-6

INHALT

EINLEITUNG

Das Wandern zieht immer weitere Kreise. Zahlreiche Wandervereine werben für das Wandern als sinnvolle, erholsame und gesunde Freizeitbeschäftigung. Allerorten sieht man Wanderer mit Rucksack und Stiefel durch die Lande ziehn. Was treibt sie alle auf den Weg? Ist es nur das Bedürfnis nach Bewegung, nach einem gesunden Gegengewicht zur bewegungsarmen Arbeit am Schreibtisch? Ist es das neue Gespür für die Natur? Kehrt die Romantik wieder mit ihrer Verherrlichung des wandernden Gesellen? Oder entsteht eine neue Wandervogelbewegung? Vielleicht trifft von all dem etwas zu. Doch mir scheint, daß die anthropologische und religiöse Seite dieser Bewegung nicht außer acht gelassen werden darf.

Man reist, um an ein Ziel zu kommen, man wandert, um unterwegs zu sein. Viele Menschen sind offensichtlich fasziniert von der Erfahrung des Auf-dem-Wege-Seins, die ihnen das Wandern vermittelt. Sie sehen darin ein Sinnbild für ihr Leben. Das Leben ist ein Weg. Schritt für Schritt geht jeder seinen Weg, trägt seine Lasten mit. Es gibt Umwege, Irrwege, Durststrecken, beschwerliche und leichte Wege. Man geht miteinander, aufeinander zu. Man geht Wege, die andere vorausgegangen sind. Sie haben Wegzeichen aufgestellt, damit wir unsern Weg finden.[1]
Weg als Metapher für unser Leben umgreift alles, was uns begegnet und geschieht, was wir erkunden und erleiden, was wir entwerfen und erreichen. Etwas bewegt uns. Wir setzen uns in Bewegung, wir haben Beweggründe und handeln verwegen. Wir wandeln Wege und deshalb wandeln wir uns. Weggefährten gehen mit

uns. Wegzehrung brauchen wir und Wegweiser. Was
wir ausgeschritten haben, wird uns zur Erfahrung.
Wir setzen etwas in Gang, wollen Fortschritt und
Wandel.[2]

Beim Wandern wird die Gemeinschaft neu er-
fahrbar. Die körperliche Anstrengung verbindet
miteinander, stärker als das manchmal Gesprä-
che vermögen. Menschen verschiedenster Prä-
gung wachsen beim Wandern zusammen, sie
werden solidarisch, Weggefährten. Wandern
formt den Menschen mit Leib und Seele. Alle
Sinne werden angesprochen. Der ganze Mensch
ist einbezogen, er erfährt sich auf dem Weg, lebendig, noch einer Wandlung fähig. Er wird als
ganzer erfahren, als ganzer gewandelt.[3]

Für viele hat das Wandern auch eine religiöse Seite. Das zeigt nicht nur die steigende Teilnehmer-
zahl an den Wallfahrten. Religiöse Wanderkurse
werden heute allerorten angeboten und ziehen
viele Jugendliche an. Die jungen Menschen, die
auf den alten oder neuen Pilgerstraßen wandern,
erwarten sich von ihrem Weg eine Begegnung mit
Christus. Sie wollen ein Stück Christus nachgehen, von ihm beim Wandern mehr erfahren als
durch Bücher und Vorträge. Sie wollen seine Existenz begreifen, die Existenz eines Wanderpredi-
gers, der drei Jahre lang durch Palästina zog ohne
bleibende Stätte. Sie wollen etwas erahnen von
der Kirche als einer Weggemeinschaft, vom pil-
gernden Volk Gottes. Und sie wollen spüren,
was es heißt, daß Christus unsere Wege mit uns
geht, ja daß er selbst unser Weg geworden ist.[4]

Im folgenden sollen Texte aus der Heiligen
Schrift und aus der monastischen Tradition helfen, das Wandern in seiner religiösen Dimension
zu verstehen, als eine Weise leibhafter Medita-

tion unserer christlichen Existenz, als Einübung unseres Glaubens, der seit Abraham wesentlich eine Wegstruktur hat: Ausziehen aus dem Vertrauten und sich aufmachen in das Land der Verheißung. Man kann den Glauben ja auf verschiedene Weise einüben: Man kann darüber nachdenken und es sich bewußt machen, was es heißt, zu glauben, auf Gott in allen Situationen seines Lebens zu vertrauen. Man kann Texte aus der Bibel betrachten, die einen den Glauben verstehen lassen. Man kann ein einzelnes Schriftwort meditieren und in sich hineinfallen lassen. Oder man kann einfach auf die Stille hören und schweigend meditieren. Man kann den Glauben aber auch lernen, wenn man auf seinen Leib hört, sich im Leib einübt in das rechte Atmen, in die rechte Gebärde. Das Gehen gehört zur letzten Form der Meditation. Es ist eine Meditation im Leib und mit dem Leib. Wenn der Glaube in der Bibel mit Begriffen wie »ausziehen, pilgern, unterwegssein« ausgedrückt wird, so kann man etwas vom Wesen des Glaubens verstehen, indem man sich auf den Weg macht. Unsere Begriffe wurzeln häufig in körperlichen Erfahrungen. Und man kann an den Kern der Begriffe nicht bloß durch Reflexion herankommen, sondern auch, indem man die Erfahrungen wiederholt, aus denen die Begriffe gebildet wurden.

In diesem Sinn ist das Gehen ein Versuch, den Glauben einzuüben, sich den Glauben zu ergehen. Dabei gibt es verschiedene Methoden: Die 1. Methode besteht darin, das Gehen selbst als Meditation zu nehmen. Man versucht, ganz bewußt zu gehen und im Gehen zu spüren, was man da eigentlich tut. Man braucht das Gehen nicht mit Inhalten zu befrachten, über die man beim Gehen nachdenken will, sondern das Gehen selbst ist Meditation. Indem ich bewußt gehe, übe ich den Glauben ein, wie ihn die Heilige Schrift beschreibt als Ausziehen, Unterwegssein, Auf-Gott-hin-Pilgern. Diese Form der Meditation werden wir vor allem bei den alten Mönchen finden. Sie entspricht ihrer Theologie des Wanderns.

Eine 2. Methode, die ebenfalls von den alten Mönchen praktiziert wurde, besteht darin, daß man mit einem Wort geht. Gehend wiederholt man beständig das gleiche Wort, meistens einen Psalmvers, häufig ein Wort, das mit dem Gehen zu tun hat und uns unser Gehen tiefer verstehen läßt. Die 3. Methode ist ähnlich. Doch man geht nun nicht mit einem Wort, sondern mit einer Geschichte. Wir werden in der Heiligen Schrift viele Weggeschichten finden. Man kann sich mit so einer Weggeschichte auf den Weg machen. Man wird sich gehend in die Geschichte hineinverwickeln, sich in die Rollen der Geschichte hineingehen und so sich den Sinn und die Erfahrung der Geschichte ergehen. Gehend nimmt man selbst teil an der Geschichte, erfährt seine heilende oder erhellende Wirkung an sich selbst.

Die 4. Methode, gehend zu meditieren, verbindet die körperliche Bewegung mit einer geistigen Anstrengung. Gehend denkt man über das nach, was man eigentlich tut. Man überlegt, was das im letzten bedeutet: Weg, auf dem Weg sein, Pilger sein, Fremdling sein auf dieser Erde, auf Gott zugehen. Was sagt das über uns, über unser Leben aus? Eine Theologie des Weges kann uns so neue Dimensionen unseres Gehens erschließen. Indem man darüber nachdenkt, was man gehend tut, kommen einem neue Erkenntnisse und Einsichten. Doch diese Einsichten bleiben nicht im

Kopf, sondern fließen im Gehen auch in den Leib. Die Einsicht wird zur Erfahrung. Wer fährt, wird erfahren, wer wandert, ist bald bewandert. Im Gehen nachdenken verbindet daher Aktion und Kontemplation, Wissen und Erfahrung, es verhindert ein Auseinanderfallen von Geist und Leib. Der Begriff wird mit Leben gefüllt. Er wird leibhaft und verändert so Geist und Leib zugleich. Diese Methode der Meditation entspricht der Theologie des Weges, die wir im Johannesevangelium und im Hebräerbrief entfaltet sehen.

I. Monastische Theologie

Neben den Mönchen, die ihr Leben lang in einer Zelle blieben, um in Schweigen und Gebet, in Fasten und Arbeit sich immer mehr für Gott aufzubrechen, gab es in der Antike und im frühen Mittelalter auch Mönche, die das ständige Umherwandern als ihr Ideal ansahen. Sie verstanden sich als peregrini, als Pilger, als Fremde in dieser Welt. Doch nicht nur die immer herumziehenden Mönche, sondern alle Mönche sahen sich als peregrini. Peregrinatio ist eines der Schlüsselworte zum Verständnis des alten Mönchtums.

1. Bedeutung des Wortes peregrinatio

Peregrinatio kommt von ager und meint eine Reise oder einen Aufenthalt auf dem Land, auf dem Acker, dort, wo man gewöhnlich nicht lebt, in der Fremde. Wesentlich für die peregrinatio ist die Abwesenheit von Heim, Haus und Vaterland. Peregrinatio kann dabei sowohl den Vorgang des Reisens und Wanderns als auch den Aufenthalt, das Wohnen im fremden Land bedeuten. Das gleiche gilt vom Zeitwort peregrinari, das pilgern, wandern, wie auch in der Fremde sein ausdrücken kann. Die Lateiner übersetzten mit dem Wort peregrinatio das griechische Wort xeniteia. Xenos meint im Griechischen den Fremden, den Ausländer, aber auch den Gastfreund.[5] Der Fremde wirkt als der Andersartige, Nicht-durch-schaubare befremdend, beängstigend, unheimlich. Und ebenso wirkt auf ihn die Fremde bedrückend und bedrohend. Der Fremde ist anfangs immer auch der Feind, daher vogelfrei, rechtlos. In-der-Fremde-sein ist daher auch Im-Elend-sein. Darum war es für alle antiken Religionen ein Gebot, den Fremden als den rechtlosen Armen aufzunehmen, ihm Gastfreundschaft zu gewähren. Der Fremde steht unter dem besonderen Schutz der Götter. So hat für die Griechen die Religion die alte Schutzlosigkeit des Fremden überwunden.

Im Christentum spielt die Gastfreundschaft eine große Rolle. Christus wird immer wieder als Gast eingeladen und kann gerade als Gast bei den Menschen seine Frohe Botschaft verkünden. Und seine Jünger können ihre Sendung nur erfüllen, weil ihnen immer wieder Gastfreundschaft gewährt wird. Christus gibt der Gastfreundschaft ein neues Motiv: er selbst ist der Fremdling, den man beherbergt. Damit vertieft er die in der Antike verbreitete Anschauung, daß himmlische Wesen von den Menschen aufgenommen und bewirtet werden. Dieses Motiv klingt noch in Hebr 13,2 nach, wenn der Brief die Gastfreundschaft damit begründet, daß durch diese einige, ohne es zu wissen, Engel beherbergt haben. Für die Christen wird Gastfreundschaft zur Liebe zu Christus. Im Fremden begegnen sie Christus selbst und nehmen ihn in ihr Haus auf. Und im Gericht werden sie gefragt, ob sie im Fremden Christus gesehen und ihn wie Christus behandelt haben (Mt 25,31-46).

Christus bezeichnet sich als Fremden, als einen, der nichts hat, wo er sein Haupt hinlegen kann. Und Jesus beschreibt sein Fremdsein mit einem Sprichwort, das auch den Griechen bekannt war: »Die Füchse haben Gruben, und die Vögel des Himmels haben Nester, der Menschensohn aber hat nichts, wo er sein Haupt hinlege.« (Lk 9,58) Im Gegensatz zum Tier ist der Mensch unbehaust. Die Welt ist ihm fremd. Diese Fremdheit des Menschen gegenüber der Welt hat zwei Wurzeln. Für die Griechen ist der Mensch in dieser Welt ein Fremder, weil seine Seele in der Welt des Geistes beheimatet ist. »Der Leib oder auch die ganze Welt ist dann gleichsam eine Herberge, in der der himmlische Fremdling, die Seele, nach göttlicher Ordnung auf Zeit einkehrt.«[6] Das Lebensgefühl des griechischen Weisen ist daher Angst vor der fremden Welt und Sehnsucht nach der himmlischen Heimat. Die Bibel sieht die Fremdheit des Menschen anders. Der Mensch ist durch die Sünde Gott gegenüber entfremdet worden. Seit dem Sündenfall ist ihm auch die Welt keine Heimat mehr. Er wurde aus dem Paradies vertrieben und muß nun durch die Welt wandern. Im Paradies war er zu Hause, da konnte er wohnen. Nun ist ihm die Welt fremd, feindlich geworden. Er kann sich nirgends für immer niederlassen. Jetzt ist er wesentlich ein Wanderer, ein Fremder.

Christus ist für das NT der Fremde, weil er nicht aus dieser Welt kommt. Er wohnt in dieser Welt als Fremdling gleichsam in einem Zelt (Joh 1,14). Die Welt versteht ihn nicht. In Christus geht Gott selbst in die Gottfremde, damit wir nun Hausgenossen Gottes würden (Eph 2,19). Doch als Hausgenossen Gottes leben wir in dieser Welt als Fremde, wie Schafe unter Wölfen (Mt 10,16). Wir können uns hier nicht häuslich niederlassen, sondern nur »vorübergehend als rechtlose Fremdlinge darin leben» (1 Petr 2,11)[7].

2. Deutungen der peregrinatio

Im alten Mönchtum werden immer wieder die gleichen Bibelstellen herangezogen, um den Begriff der peregrinatio zu erklären.[8] Da ist einmal Gen 12,1-3, die Stelle vom Auszug Abrahams aus seiner Heimat, seiner Verwandtschaft und seinem Vaterhaus, dann Mt 19,21.29: das Verlassen von Haus, Brüdern, Schwestern, Vater, Mutter, Frau und Kindern wird zur Bedingung der radikalen Nachfolge Jesu, ebenso der Verkauf allen Besitzes, der bei Antonius am Anfang seiner Berufung steht. Außerdem wird die peregrinatio mit den Worten Jesu von der Selbstverleugnung und Kreuzesnachfolge in Verbindung gebracht (Mt 16,24, Mk 8,34, Lk 9,23): »Wer mir nachfolgen will, der verleugne sich selbst, nehme sein Kreuz auf sich und folge mir nach.« Die Nachfolge Jesu bedeutet, wie er fremd sein in dieser Welt, durch diese Welt zu wandern, ohne ein Nest zu haben, in dem man sich niederlassen kann. Aus der Erklärung dieser Stellen durch die monastischen Autoren lassen sich 4 verschiedene Bedeutungen der peregrinatio ablesen: peregrinatio als Auszug, als Wandern (Unterwegssein), als Leben in der Fremde und als Wandern auf ein Ziel zu. Die Entfaltung dieser 4 Deutungen soll aufzeigen, wie wir unser Wandern als Einübung unseres Glaubens verstehen können.

a) Peregrinatio als Auszug

Die Mönche zogen von daheim aus. Voraussetzung für ein Leben als Pilger ist das Verlassen der Eltern und des heimatlichen Bodens. Je weiter man sich von der Heimat entfernt, desto leichter, so meinen vor allem die irischen Mönche, komme man an das Wesen der peregrinatio heran, desto mehr werde das Leben eine Suche nach der himmlischen Heimat. So heißt es von irischen Mönchen:
Indem sie die Heimat verließen, begannen sie, nach der himmlischen Heimat zu suchen.[9]
Und von Martin von Verton wird gesagt: Allein das

Himmlische suchend macht er sich auf den Weg zu weit entfernten und ihm unbekannten Gegenden.[10]

Der Auszug aus der Heimat wird für die Mönche zur Bedingung, Christus nachzufolgen. Und in dieser Nachfolge lassen sie alles zurück, um arm und nackt zu werden wie Christus. So heißt es an einer Stelle von Mönchen, daß sie den Boden der Heimat, den Reichtum und die Eltern verlassen, um nackt dem nackten Christus zu folgen (nudos nudum Christus sequi)[11]. Und an einer andern Stelle:

Er verließ den Vater und den Ort seiner Geburt, er verzichtete nach dem Wort des Evangeliums auf alle Freuden und Güter dieser Welt, nahm nackt das Kreuz auf sich, verleugnete sich selbst und folgte Christus.[12]

Was der Auszug für den Mönch bedeutet, das haben die Väter in ihrer Auslegung von Gen 12,1 entfaltet. Cassian, Ambrosius und Hieronymus sprechen dabei von einem dreifachen Auszug, indem sie den Worten Heimat, Verwandtschaft und Vaterhaus eine je eigene Deutung geben:[13]

— Zieh aus aus deiner Heimat, d.h. verzichte auf jeden Besitz, auf irdischen Reichtum und auf die Möglichkeiten, die die Welt dir bietet. Hier geht es um ein körperliches Verlassen der Heimat. Der Mönch befreit sich von den Bindungen an daheim, an die Familie, ja an alle Menschen. Er wandert aus aus seiner Heimat und läßt die Menschen zurück, mit denen er zusammen gelebt hat und die ihm ans Herz gewachsen sind. Er läßt auch seine Habe zurück und entscheidet sich bewußt für ein Leben in Armut.

— Zieh aus aus deiner Verwandtschaft. Cassian deutet diesen Auszug als Absage an das alte lasterhafte Leben, als Absage an die früheren Gewohnheiten und an die Gefühle, die man in der Vergangenheit empfunden hat. Wer auszieht, muß seine Vergangenheit hinter sich lassen, er darf sich nicht immer wieder in die Gefühle der Kindheit zurückversetzen, sondern muß sich von ihnen lösen, um offen zu sein für die Gegenwart, um auf seinem Weg voranschreiten zu können. Ambrosius deutet die Verwandten als Sinne, von denen es Abschied zu nehmen gelte. Wer innerlich vorankommen will, der muß sich von den äußeren Eindrücken frei machen und den Weg nach innen gehen, den Weg ins eigene Herz, in dem Gott in ihm wohnt. Ambrosius zeigt mit seiner Deutung, daß es den Mönchen wesentlich um einen inneren Weg geht, um ein Näherkommen zu Gott.

— Zieh aus aus deinem Vaterhaus. Diesen Auszug versteht Cassian als Absage an das Sichtbare und Vergängliche und als Hinwendung zum Ewigen und Zukünftigen.

Wir rufen unsern Geist weg von allen gegenwärtigen und sichtbaren Dingen und betrachten nur noch das Zukünftige und sehnen uns nach dem, was unsichtbar.[14]

Der Mönch soll auswandern aus dem Denken an diese Welt (ex memoria mundi huius), sein Geist soll allein an Gott denken. Cassian zitiert in diesem Zusammenhang das Wort aus dem Philipperbrief: »Unsere Heimat ist im Himmel.« (Phil 3,20) Das Herz soll sich bereits hier an Gott, an den Himmel klammern und sich nicht mehr um das Irdische sorgen.

Ambrosius versteht den Auszug aus dem Haus des Vaters als Auszug aus dem Haus des Wortes. Der Geist schafft sich im gesprochenen Wort eine Behausung:

Das Haus des Geistes ist das gesprochene Wort. Der Geist wohnt in unserem Reden und lenkt unsere Worte.[15]

Wir fühlen uns im Reden zu Hause, wir sind darin mit der Welt verbunden, haben teil an ihr, an ihren Neuigkeiten, an ihren Geschäften und an ihren Sorgen und Kämpfen. Der eigentliche Auszug aus dieser Welt ist für Ambrosius daher das Schweigen. Im Schweigen läßt der Mönch die Bindung an diese Welt los, er mischt sich nicht mehr in die Geschäfte ein, er nimmt Abschied von ihr, um sich allein Gott zu widmen und auf ihn hinzuwandern. So identifizieren die Mönche die Pilgerschaft mit dem Schweigen. »Die Pilgerschaft besteht im Schweigen«, sagt ein Altvater.[16] Es geht den Mönchen also im Auswandern wesentlich um eine innere Haltung, um das Freiwerden von den Bindungen an diese Welt, wie sie das Sprechen darstellt. Diese innere Freiheit kann man auch erwerben, ohne ständig herumzuwandern. So wird das Ideal der peregrinatio vergeistigt. Nun konnten sich auch die Mönche, die zeit ihres Lebens in einer Zelle wohnten, als peregrini, als Pilger bezeichnen, da sie den entscheidenden Auszug aus der Welt im Schweigen und in der Einsamkeit vollzogen haben.

Im Schweigen löst sich der Mönch aus der Gemeinschaft der Menschen. Er geht bewußt in die Einsamkeit. Die Mönche ziehen aus der Heimat aus, um ein einsames Leben zu führen. Sie suchen das Incognito, sie wollen unerkannt, von niemandem beachtet durch die Welt ziehen. Von Willibald heißt es, daß er peregrinationis ignotitiam, das Unbekanntbleiben des Pilgers suchte.[17] Der Pilger ist unbekannt, oft verkannt, er lebt freiwillig außerhalb der Gemeinschaft und damit auch außerhalb jeglichen Rechtsschutzes. Er hat sich von der Gemeinschaft gelöst, von allen Bindungen an sein Volk, an seine Familie, um vollständig mit der Welt zu brechen und allein für

Gott zu leben, sibi solique deo, wie es in einer Formel heißt, für sich und Gott allein.[18]

Für die Wandermönche des Mittelalters, vor allem für die irischen Mönche, war das Einüben des dreifachen Auszuges, wie Cassian, Ambrosius und Hieronymus ihn beschreiben, an das tatsächliche Wandern gebunden. Indem sie gingen, zogen sie aus aus allen Bindungen und Abhängigkeiten. Das Wandern könnte auch für uns eine leibhafte Meditation unseres Auszuges und damit unseres Glaubens werden. Denn der Auszug Abrahams ist ja schon für den Hebräerbrief zur Grundstruktur unseres Glaubens geworden:

Im Glauben gehorchte Abraham, als er gerufen wurde, wegzuziehen an einen Ort, den er zum Erbe erhalten sollte. Und er zog aus, ohne zu wissen, wohin er kommen werde (Hebr 11,8).

Indem wir wandern, verstehen wir nicht bloß mit dem Verstand, was Cassian als den Auszug unseres Glaubens deutet, sondern wir kommen mit unserem Leib an das Wesen des Auszugs heran, wir üben ihn ein mit Leib und Seele, mit Verstand und Gefühl. Dabei muß ich während des Gehens gar nicht ständig an die inhaltliche Bedeutung des Auszugs denken, ich muß also nicht überlegen, woraus ich jetzt ausziehen sollte. Indem ich mich dem Gehen überlasse, vollziehe ich schon den Auszug. Ich wandere mich frei von allen Bindungen und Abhängigkeiten, von der Bindung an Menschen, die ich gern habe, die mir Geborgenheit schenken, bei denen ich daheim sein möchte, von der Bindung an Menschen, auf deren Anerkennung und Lob ich warte, an deren Reaktion ich bei all meinem Tun immer wieder denke. Ausziehen heißt, die Menschen hinter sich lassen, die mir wichtig geworden sind, ihr Lob und ihren Tadel, ihre Liebe und ihren Haß vergessen.

Ich darf nicht bei den Menschen bleiben, sondern muß von ihnen weggehen, um wirklich den Weg gehen zu können, den Gott mich ruft. Wenn ich wandernd ständig an die Menschen denke, die mir lieb geworden sind, dann bleibe ich letztlich daheim, ich mache mich nicht wirklich auf den Weg. Mein Gehen bringt mich nur äußerlich voran, doch mein Herz bleibt stehen.

Es geht den Mönchen um den inneren Weg. Und auf diesen Weg mache ich mich nur, wenn ich mich freigehe von allem, was mich daran hindert, ich selbst zu sein. Wandernd muß ich die Rollen ablegen, die ich spiele, die Masken abfallen lassen, die mein Wesen verdecken und entstellen. Wer bin ich, der da geht, wenn all das Zufällige wegfällt, wenn nicht mehr zählt, was ich geleistet habe, was ich bei den Menschen gelte? Wandernd gehe ich mich hinein in mein Wesen, in meine Wahrheit, in meinen Kern. Was die Menschen von mir halten, ist nicht wichtig, das fällt beim Gehen ab. Was ist mein Kern, wer bin ich wirklich vor Gott? Im Wandern ziehe ich aus aus allem Zufälligem und mache mich auf den Weg zu mir selbst, auf den Weg zu Gott, zu meinem Gott, zum Gott meines Lebens.

Ich brauche beim Wandern nicht ständig darüber nachzudenken, was mich bindet und wovon ich abhängig bin und wie ich davon freiwerden könnte. Beim Gehen kommen einem zwar viele Gedanken und vieles wird einem auch gedanklich klarer. Doch das Wandern als leibhafte Meditation meint etwas anderes, nicht eine Meditation über etwas, sondern eine Einübung in etwas. Im Wandern übe ich den inneren Auszug ein. Ich gehe mich hinein in eine innere Freiheit. Indem ich mich dem Gehen überlasse, ziehe ich aus aus dem, was michgefangenhält, ich ziehe aus aus Gewohnheiten, die mich fesseln, aus Bindungen an Menschen, ohne die ich nicht leben kann, aus der Unfreiheit, in die mich meine Bedürfnisse und Wünsche gebracht haben, ich lasse meinen Besitz hinter mir, Komfort und Bequemlichkeit. Ich verzichte auf den Kontakt mit Menschen. Für sie bleibe ich eine Zeitlang unerreichbar. So ziehe ich aus aus der Welt, aus der Verbindung mit ihr und gehe mich in eine immer größere Freiheit hinein, in die Freiheit des Glaubens, der sich an nichts festhält außer an Gott.

b) Peregrinatio als Unterwegssein

Die monachi peregrini des Mittelalters verbrachten ihr Leben damit, von einem Ort zum andern zu wandern. Wandern wurde zu ihrer Lebensform. Sie wollten sich nirgends niederlassen, aus dem Glauben heraus, daß wir hier keine Bleibe haben. Sie binden sich an keinen Ort und an keinen Menschen, weil sie allein an Gott gebunden sein wollen. Sie wollen an ihrem eigenen Leib erfahren, was Christus von sich sagte, daß er nichts hatte, wo er sein Haupt hinlegen konnte (Lk 9,58).

Die Wandermönche verlassen nicht bloß ihre Heimat, sie suchen sich auch keine neue. Sie bleiben heimatlos. Der Grund ihres ständigen Unterwegsseins ist ihr Glaube, der Glaube an die Verheißung der kommenden Welt, auf die sie zugehen. Die Erwartung des wiederkommenden Herrn prägte ihr Leben auf Schritt und Tritt. Sie lebten so existentiell auf das Kommende hin, daß sie mit ihrem Wandern der Gefahr entlaufen wollten, sich an das Sichtbare zu binden und sich hier bleibend einzurichten. Augustinus erhellt ihre Mentalität mit einem treffenden Wort:

praesens mundus peregrinatio est, habitatio est autem, quae sequitur.
Die gegenwärtige Welt ist Pilgerschaft. Heimat ist erst die kommende.[19]

Der Verzicht auf jede Bleibe ist Ausdruck des Glaubens, daß unsere eigentliche Bleibe der Himmel ist. Erst dort können wir uns niederlassen, können wir wohnen, erst dort ist Heimat, in der man sich geborgen und aufgehoben weiß, in der man von sich sagen kann, daß man endgültig angekommen ist.

Als Grund ihres Wanderns geben die Mönche den Herrn an. Sie wandern Christi wegen. Bonifatius sagt, der Herr sei der Grund seiner peregrinatio.[20] In den Lebensbeschreibungen der irischen Mönche finden sich häufig ähnliche Formeln, sie wandern wegen des Namens des Herrn, Christi wegen, aus Liebe zu Christus, aus Liebe zur himmlischen Heimat, wegen des Heiles der Seele. Für die Mönche ist das Wandern ein innerer Weg, ein Prozeß, der auf sich genommen werden muß, damit man zu seiner Selbstverwirklichung gelange. So sagt Bessarion in einem Väterspruch:

Ich muß unausgesetzt wandern, um meinen Lauf zu vollenden.[21]

Er muß also wandern, um innerlich weiterzukommen. Das äußere Unterwegssein ist für Bessarion notwendig, um innerlich auf dem Wege zu bleiben. Wandernd übt er ein, daß er auf Christus zugeht, daß er sich immer mehr von der Welt und von sich selbst löst, um Gott näher zu kommen.

Das ständige Gehen, die gleichmäßige Bewegung, der man sich überlassen kann, ohne viel zu denken, kann zu einem Reinigungsweg werden. Man kann vieles abfallen lassen. Innere Unruhe legt sich, das, was einen gerade noch geärgert oder aufgewühlt hat, kommt zur Ruhe. Man geht sich frei von aller Unrast und von allem Unrat der Seele. Viele Menschen machen die Erfahrung, daß sie durch das Gehen ruhiger werden, ruhiger als wenn sie sich schweigend hinsetzen würden. Gerade für den nervösen und hektischen Menschen ist das Wandern hilfreicher als das stille Sitzen. Im Gehen kann er leichter abschalten.

Kierkegaard, der dänische Philosoph, hat die Erfahrung gemacht, daß er sich jeden Kummer, ja sogar jede Krankheit weggehen kann:
Vor allem verliere nie die Lust am Gehen! Ich gehe jeden Tag zu meinem Wohlbefinden und entferne mich so von jeder Krankheit. Ich habe mir meine besten Gedanken ergangen, und ich kenne keinen noch so schweren Kummer, den man nicht weggehen kann.[22]

Woher hat das Gehen diese Fähigkeit, uns von Krankheit und Kummer zu befreien? Im Gehen sind wir ständig in Bewegung und so kann sich auch in unserem Geist etwas bewegen. Die gleichmäßige Bewegung der Füße, die den Boden immer wieder berühren und sich von ihm wieder abheben, ermöglicht das Abgeben von Spannungen, die sich im Leib festgesetzt haben und immer auch seelische Konflikte ausdrücken. So geht man sich die Unruhe und den Kummer weg und wird immer ruhiger und ausgeglichener. Indem man bewußt die Füße aufsetzt und abrollt, läßt man alles abfließen, was den Leib und damit auch die Seele verspannt, verkrampft, verunreinigt. Man fühlt sich nach dem Wandern wie innerlich gewaschen, aufgeräumt. Der Müll ist weggegangen.

Wandern ist gerade für Menschen heilsam, die depressiv veranlagt sind. Statt über sich nachzugrübeln, sollten sich depressive Menschen auf den Weg machen, ihren Körper anstrengen. Durch Nachgrübeln kommt man oft nicht weiter, man gerät in einen Teufelskreis, aus dem man nicht mehr ausbrechen kann. Im Wandern wage ich mich heraus aus diesem Teufelskreis. Da bleibe ich nicht mehr nur im Kopf, im Denken und Grübeln, in dem ich mich selbst oft nicht wahrnehme und spüre, sondern oft neben mir stehe, mich aus einer gewissen Distanz heraus beobachte und manchmal gar nicht mehr weiß, wer ich bin. Im Wandern werde ich wieder eins mit meinem Leib. Ich spüre meinen Leib, ich schwitze, ich spüre Leben und Kraft in mir. Dieses Spüren des Lebens in mir entreißt mich der Depression, die mich am liebsten verschlingen möchte. Wer wandert, der läßt sich nicht verschlingen, er löst sich aus dem Sog der Gedanken, die einen ängstigen und einen wie eine dunkle Wolke überfallen. So haben schon die Mönche geraten, nach draußen zu gehen, wenn einen unangenehme Gedanken bedrängen und wenn das Nachdenken über sie nicht mehr weiterhilft.[23]

Peregrinatio als Unterwegssein bedeutet, daß wir nichtstehenbleiben, daß wir uns nirgends niederlassen, sondern immer weitergehen. Wir möchten gerne ab und zu stehenbleiben, an dem erreichten Punkt ausruhen, an unsern Erfolgen festhalten, auf unserem Besitz sitzen bleiben, uns wohnlich niederlasssen. Im ständigen Weitergehen üben wir das innere Weitergehen ein. Wir geben uns nicht zufrieden mit dem Erreichten. Wir lassen uns auf einen Weg ein, der uns ständig wandelt. Wandern und Wandlung hängen schon sprachlich zusammem. Wer wandert, wandelt sich mit jedem Schritt. Er bleibt nicht der gleiche. In ihm bewegt sich etwas. Wandern und wandeln haben die gleiche Wurzel »wenden«. Es geht beim Wandern um eine innere Wende, um eine Umkehr. Umkehr bleibt nicht einmalig, sondern beständiger Auftrag. Wandern heißt »wiederholt wenden», sich ständig wandeln.[24] Wer sich dem Gehen überläßt, der kann leibhaft spüren, was es heißt, immer weiter sich zu wandeln, nicht stehenzubleiben, nichts festzuhalten und so nichts vorweisen zu können. Wer wandert, wer fährt, der »erfährt« sein Wandern als Wandlung und seinen Weg als ständige Bewegung, in die er selbst hineingenommen wird. Er kann sich nicht heraushalten. Er läßt sich auf eine innere Wandlung ein, auf einen Weg, der einen Schritt für Schritt zwingt, auch innerlich weiterzugehen. Letztlich führt dieser Weg uns zu Gott, vor dem wir niestehenbleiben können, auf den hin wir immer unterwegs sind und bei dem wir erst im Tode ankommen.

So sagt Origines, daß

jene, die auf den Wegen der Weisheit wandeln, kein festes Haus haben; sie wandern in Zelten und eilen vorwärts, doch je weiter sie gelangen, desto länger erstreckt sich der Weg vor ihren Füßen und verliert sich im Unendlichen.[25]

Unser Weg endet erst im Unendlichen, bei Gott, dem Ziel unseres Wanderns. So ist uns jedes Stehenbleiben verwehrt. Augustinus schreibt:

Du bist tot an dem Tage, da du sprichst: es ist genug! Darum tu immer mehr, gehe immer vorwärts, sei immer unterwegs; niemals gehe zurück, und weiche nie vom Wege ab.[26]

c) Peregrinatio als Leben in der Fremde

Wer den Auszug aus der Heimat und dem Vaterhaus vollzogen hat, der ist ein monachus peregrinus, auch wenn er nicht ständig umherwandert. Er führt dann sein Leben als Fremder, als einer, der sich nirgends in dieser Welt festsetzt und heimisch fühlt. Dieses Leben eines Fremdlings kann man auch in einer Gemeinschaft führen. Die Alten sprechen sogar vom Kloster als dem Ort der Pilgerschaft, einem locus peregrinationis. Vom Iren Fursa (†649) sagt Beda, daß er überall, wo es ihm gut schien, für den Herrn ein Leben der Pilgerschaft führen wollte.[27] Entscheidend ist, daß man auch an einem festen Ort das Fremdsein durchhält, daß man sich nicht an die Dinge dieser Welt bindet, sondern auch an seinem festen Platz mit dem Herzen auf Gott zugeht. Der Ort, an dem man lebt, wird nicht zu einem Nest, in dem man sich niederläßt und wohl fühlt, sondern zu einem Ort der Fremdlingschaft, der asketischen Heimatlosigkeit, wie Campenhausen die Haltung des alten Mönchtums beschreibt.[28]

Der eigentliche Auszug geschieht nicht aus den Orten der Heimat, sondern aus sich selbst. Sich selbst muß man verlassen, aufgeben, das Kreuz muß man auf sich nehmen, um sein Leben als Weg, als Nachfolge Christi verstehen zu können. Diesen Auszug kann man auch in einem Kloster, an einem festen Ort vollziehen. So wird das Ideal der Fremdlingschaft immer mehr verinnerlicht. Wir haben auszuziehen aus dem Land der Sünde, des Egoismus, aus dem eignen Ich und wir sollen einziehen in das Land, das Gott uns zeigen will, in das Land der Tugend, das in uns selbst ist, wie Smaragd von St. Michel sagt.[29] Doch auch dieses verinnerlichte Ideal der peregrinatio bleibt von äußeren Bedingungen geschützt. Die erste Bedingung ist das räumliche Verlassen der Heimat. Die Nähe der Verwandten betrachten alle monastischen Autoren als hinderlich für das wahre

Fremdwerden gegenüber der Welt. Der Auszug aus dem eignen Ich verlangt für die Mönche äußere Auszüge. Sonst wird der innere Auszug nicht gelingen.

Hier zeigt sich, daß es den Mönchen nicht auf ein äußeres Tun ankommt, sondern auf eine innere Haltung. Nicht die Menge der gewanderten Kilometer zählt, sondern die Freiheit, in die der Auszug und das Unterwegssein führen. Das Gehen bewirkt nicht automatisch diese Freiheit, aber es könnte uns in sie einüben. Im Gehen bin ich nirgends daheim, lasse ich mich nirgends nieder. Ich lasse die schönsten Landschaften hinter mir. Ich will die Eindrücke nicht festhalten. Ich gehe durch diese Welt hindurch wie durch etwas Vorläufiges. Dieses Verständnis von Wandern unterscheidet sich wesentlich von unserer heutigen Sicht. Wir wollen etwas erleben, von dem wir dann interessant erzählen können. Die Mönche ziehen nicht durch die Welt, um Neues zu erleben, sondern um neu zu werden. Sie wollen im Gehen ihren Glauben einüben, daß sie Fremdlinge und Pilger auf dieser Erde sind, daß nicht die Erde mit all ihrer Schönheit, sondern allein Gott ihre Heimat ist.

Glauben heißt, die Welt übersteigen auf Gott hin, der Welt fremd werden und sich auf den Weg zu Gott machen. Wir haben hier keine bleibende Stätte, sondern wir sind immer unterwegs als Pilger. Was uns auf dem Wege hält, das ist die brennende Sehnsucht nach der Heimat. Und diese Sehnsucht zeigt sich für Augustinus im Singen. So wie die Israeliten im Land ihrer Fremdlingschaft die Lieder ihrer Heimat sangen, so fordert es Augustinus von den Christen:
O Söhne des Friedens, ihr Söhne der katholischen Kir-

che, die ihr auf der Straße geht und singt; wie die, die unterwegs sind, singen, um ihre Schmerzen zu betäuben; so singt auch ihr auf eurem Wege, singt ein neues Lied; keiner singe die alten Weisen! Die Liebeslieder eurer Heimat singt ... wie die, die unterwegs sind, singen - meistens singen sie in der Nacht.[30]

Nacht ist hier Symbol für die Fremde, in der wir wandern. Im Wandern erfahren wir unsere Existenz als Leben in der Fremde. Wir sind wesentlich Fremdlinge in dieser Welt. Wir werden vergehen, sterben, die Welt verlassen. Der Tod ist die radikalste Verneinung der Welt als Heimat. »Wir sind nur Gast auf Erden und wandern ohne Ruh, mit mancherlei Beschwerden der ewigen Heimat zu.«

Doch mitten auf unserem Weg haben wir schon teil am Ziel. Wir sind schon erlöst. Wir sind schon mit Christus auferstanden. Deshalb sollen wir im Singen des Alleluja das Ziel unseres Wanderns schon vorwegnehmen. Wie die Erlösten im Himmel, so sollen auch wir auf unserer Pilgerschaft das Alleluja singen:

Hier in der Hoffnung, dort in Erfüllung. Hier auf dem Weg, dort in der Heimat. Heute laßt uns singen, nicht um uns der Ruhe zu erfreuen, sondern um in der Drangsal Trost zu finden. So wie Wanderer zu singen pflegen: Singe, aber schreite aus! Singend tröste dich in der Not, liebe die Verdrossenheit nicht! Singe und schreite aus! Mach Fortschritte im Guten! Singe und wandere! Geh nicht in die Irre, kehre nicht um, bleib nicht zurück![31]

So kann Augustinus unser Leben hier auf Erden als Wanderschaft beschreiben, als Leben in der Fremde, das aber doch von der Sehnsucht nach der Heimat durchdrungen ist, einer Sehnsucht, die das Singen des Alleluja wachhält. Im Singen, im Loben Gottes nehmen wir als Pilger schon die Verheißung des Zieles vorweg. Das Lob Gottes begleitet uns auf unserer Wanderschaft und hält uns lebendig.

d) Peregrinatio als Gehen auf ein Ziel hin

Der Auszug aus der Heimat, aus der Verwandtschaft und aus dem Vaterhaus ist für Abraham die Bedingung, in das Land zu ziehen, das Gott ihm zeigen will. So machen sich denn auch die Mönche auf die Wanderschaft, um auf ein Ziel hinzugehen. Sie gehen nicht auf äußere Ziele zu, etwa zu Wallfahrtsorten, sondern ihr Ziel ist allein Gott. »Wir ziehen zum Hause des Herrn«, dieser Psalmvers prägt ihr Leben. Augustinus sieht in diesem Vers das Wesen unserer christlichen Existenz ausgedrückt:

Wir gehen zum Hause des Herrn! Steht also auf und laßt uns eilen. Beeilen wir uns! Keiner hat das Recht, ermüdet zu sein, denn wir gehen dorthin, wo keine Müdigkeit uns mehr erreicht. Eilen wir zum Hause des Herrn, daß unsere Seele sich an jenen freue, die es uns verkünden: sie haben die Heimat vor uns gesehen und rufen von ferne den letzten zu: Wir gehen zum Hause des Herrn! Lauft und beeilt euch! Die Apostel haben gesehen und sprachen: Lauft, laßt uns gehen; wir gehen zum Hause des Herrn.[32]

Für Augustinus ist unser Leben ein Weg zum Vater, zur Heimat in Gott. Für die Mönche, die ihr Leben lang wanderten, wird ihr Gehen zur beständigen Einübung ihres Glaubens, daß unsere Heimat im Himmel ist. Sie leben ihren Glauben bis in den Leib hinein. Sie spüren existentiell, daß diese Welt für sie keine Heimat sein kann, sondern daß sie auf Gott hin unterwegs sind.

Wer versucht, sein Wandern einmal unter dem Aspekt zu sehen, daß er auf Gott zugeht, der kann erfahren, wie relativ für ihn alles wird, was er hier auf Erden tut. Er geht über diese Welt hinweg auf Gott hin. Der Boden entschwindet immer wieder seinen Füßen. Er bietet ihm keinen festen Halt. Wir gehen immer weiter, alles bleibt zurück. Wir berühren diese Erde mit jedem Schritt, aber wir verlassen sie auch ständig. Wir spüren, daß wir nichts mitnehmen können in den Himmel. So gehen wir uns in eine Freiheit gegenüber der Welt hinein, die uns das Gefühl vermitteln kann: alles, was wir hier arbeiten und erreichen, worum wir uns hier sorgen, wofür wir uns verantwortlich fühlen, all das vergeht, all das kann unser Wesen nicht ausmachen. Wir sind auf dem Weg auf ein größeres Ziel, auf Gott hin, vor dem all unser Sorgen und Mühen um die Dinge dieser Welt erst ins rechte Licht gerückt werden. Im Gehen geht uns das eigentliche Ziel unseres Lebens auf. Wir sind auf dem Weg zu Gott.

Diese Eigenschaft des Gehens, uns den Sinn und das Ziel unseres Lebens zu erschließen, läßt sich schon aus der Sprache herleiten. Das Wort »Sinn« bedeutet ursprünglich gehen, reisen, eine Fährte suchen, eine Richtung nehmen. Gehen heißt also, auf etwas sinnen, nach dem Sinn fragen, nach dem Ziel suchen. Wer sich auf den Weg macht, fragt nach dem Sinn seines Lebens. Im Gehen sucht er den Grund und das Ziel seines Unterwegsseins. Das Ziel unseres Gehens ist letztlich nie innerweltlich, wir gehen auf eine letzte Geborgenheit zu, auf eine Heimat, in der wir uns endgültig niederlassen können. Novalis hat diesen Aspekt des Gehens in seinem Roman »Heinrich von Ofterdingen« in die kurze Frage gefaßt: »Wohin denn gehen wir - immer nach Hause.« Unser Weg führt immer nach Hause, immer nach einer Heimat jenseits dieser Welt. Alles Ausruhen ist nur Symbol für das ewige Ausruhen. Hier müssen wir immer weiter, immer über das Sichtbare hinaus, immer nach Hause. Das Gehen kann zu einer leibhaften Einübung unseres Auf-Gott-hin werden. Im Gehen rühren wir an unsere tief im Herzen sitzende Sehnsucht, über diese Welt hinwegzuschreiten auf die Heimat zu. C.G. Jung nennt das Wandern einmal »ein Bild der Sehnsucht, des nie rastenden Verlangens, das nirgends ein Objekt findet, des Suchens nach der verlorenen Mutter«.[33] Die Suche nach der verlorenen Mutter ist für Jung die Suche nach dem Paradies, nun aber nicht als Regression, als sich Zurücksehnen nach einem früheren Zustand, sondern als Progression, als Sehnsucht nach einer letzten Geborgenheit. Diese Geborgenheit kann uns kein Mensch und keine Erde, sondern nur Gott bieten. Auf ihn gehen wir letztlich immer zu, wenn wir bewußt gehen.

3. Die Wallfahrt

Peregrinatio als monastischer Begriff bedeutet Pilgerfahrt, Pilgerschaft, nicht aber Wallfahrt. Bei der Wallfahrt verläßt man seine Heimat, um eine bestimmte heilige Stätte zu besuchen, dort um Hilfe zu bitten und dann wieder gestärkt nach Hause zurückzukehren. Die Absicht, in die Heimat zurückzukehren, braucht jedoch bei einer Pilgerfahrt nicht vorhanden zu sein.[34] Pilgern kann ich das ganze Leben lang, ohne je wieder nach Hause zurückzukommen. Die alten Mönche waren Pilger, aber keine Wallfahrer. Wallfahrt war eher etwas, das mit ihnen geschah. Es wallfahrten zahlreiche Menschen von Rom, von Alexandrien, ja von überall her zu den berühmten Altvätern in die Wüste Ägyptens, um sich bei ihnen Rat zu holen. Waren es vorwiegend einzelne, die die Mönche in der Wüste aufsuchten, so entwickelten sich ausgesprochene Wallfahrten zu den Säulenstehern in Syrien, vor allem zu Simeon, dem bekanntesten Styliten. Diese Wallfahrten hörten auch beim Tod Simeons nicht auf, sie hafteten an seinem Ort und blühten dort weiter.[35]

Das Phänomen der Wallfahrt gab es schon vor Christus. In Griechenland und Kleinasien pilgerten die Menschen in Scharen zu Orten, an denen sie die Heilkraft Gottes erleben und seine Weisung im Orakel erfahren konnten. Viele zogen zu den Heilstätten des Asklepios, um dort Heilung von ihren Krankheiten zu erreichen. Und sie wallfahrten zu den Stätten des Apollo, um dort Auskunft über ihr Leben und ihre Zukunft und einen Rat für ihren Alltag zu bekommen. Man glaubte, die Götter würden an bestimmten Orten ihre besondere Wirkkraft entfalten. Dieser Glaube hielt sich auch im Christentum durch. Man meinte nun, die enge Verbindung heiliger Menschen mit Gott zeige sich gerade an ihren Gräbern. Dort sei ihre Fürsprache besonders mächtig. Und so pilgerten die Christen bald zu den Martyrergräbern, um in ihren Nöten Hilfe und Heilung zu finden. Oft ersetzten die christlichen Wallfahrtsorte die heidnischen Kulte des Asklepios oder anderer Gottheiten.

Man macht sich auf den Weg, man nimmt Strapazen auf sich, bereitet sich durch Gebet und Bußübungen auf den Eintritt in den hl. Bezirk des Wallfahrtsortes vor. Dort übernachtet man häufig in der Kirche, die über dem Grab des Heiligen gebaut ist. Im Schlaf erhofft man Eingebungen von Gott zu erhalten oder aber auch an der Heilkraft des Heiligen teilzuhaben, seine Nähe zu Gott zu teilen und dadurch von Krankheiten geheilt zu werden. Oft nimmt man Reliquien des

Heiligen oder Tücher, die man auf sein Grab gelegt hat, mit auf den Weg, um den Schutz Gottes auch in seinem Alltag erfahren zu können.

Wenn man nach den Gründen fragt, warum die Menschen in allen Religionen zu bestimmten Orten wallfahren, so liegen sie in der menschlichen Seele. Der Mensch stellt sich Gott nach seinem Bild vor. Und wie der Mensch Vorlieben hat für bestimmte Orte, so meint er, auch Gott bevorzuge einige Orte, an denen er besonders gegenwärtig und wirksam sei. Der Mensch möchte an der Wirkkraft Gottes teilhaben und pilgert daher zu den Orten, von denen er weiß, daß Gott da sichtbar erschienen ist. Ein Hauptmotiv für die Wallfahrt ist der Wunsch, Gott deutlicher als sonst in seinem Alltag zu begegnen, und der Glaube, daß dies an ganz bestimmten Orten eher möglich sei. Weitere Motive sind die Bitte in bestimmten Anliegen, die Hoffnung auf Erleuchtung und seelische Stärkung, das Vertrauen, am Wallfahrtsort geheilt zu werden. Viele unternehmen eine Wallfahrt, weil sie ihre oder fremde Sünden sühnen und einen neuen Anfang setzen wollen. Die Wallfahrt bedeutet ferner eine Intensivierung des Gebetes, ein Gebet mit Leib und Seele, ein Gebet, bestätigt durch einen mühevollen Weg, unterstützt durch die Anstrengung des Fastens. Man geht nicht einfach zum Wallfahrtsort, wie man eine Wanderung oder eine Reise unternimmt. Man unterzieht sich erst besonderen Riten, man erbittet den Segen. Pilgerstab und Pilgertasche werden gesegnet und begleiten schützend den Wallfahrer.[36] Während der Wallfahrt betet man und bereitet sich betend auf die Begegnung mit Gott am heiligen Ort vor.

Beten und Gehen gehören für die Wallfahrer zusammen. Betend geht man und gehend betet man. Thomas Ohm hat den Zusammenhang von Beten und Gehen in den verschiedenen Religionen untersucht.[37] Man geht zum Gebet, man bricht auf, verläßt die Welt und weltliche Tätigkeiten und geht hin zu Gott: »Ich will mich aufmachen und suchen, den meine Seele liebt.« (Hl 3,2)

Wer zu Gott geht, verrät, daß er nicht egoistisch in sich verharrt, nicht selbstgewiß in sich ruht, sondern daß er in Gott sein summum bonum und sein Glück sieht, daß er aus sich herausgeht und heraustritt.(378)

Wenn man zum Gebet geht, soll man das in der rechten Haltung tun, ruhig, gelassen, aufrecht. »Habe acht auf deinen Fuß, wenn du hingehst zum Hause Gottes.« (Pred 4,17)

In vielen Religionen ist das Gehen selbst Gebet. Im Buddhismus kennt man unter den verschiedenen Methoden der Versenkung auch die des Gehens. Der Sinn des Gehens beim Gebet ist Unruhe zu Gott, Verlangen nach Gott, Umgang mit Gott. Das Gebet ist wesentlich Bewegung auf Gott hin, »ein unmitteliches Gehen des Geistes in Gott« (Tauler). »Wenn wir uns innerlich zu Gott hin bewegen, bewegen wir uns sinnvoll auch äußerlich.«(382) Das Gehen hilft, beim Gebet auf Gott hin in Bewegung zu kommen. Die Wallfahrt ist ein betendes Gehen, ein Gehen, das die Bewegung des Gebetes auf Gott hin unterstützt und intensiviert:

Doch auch am Ziel der Wallfahrt spielt das Gehen eine wichtige Rolle. Da gibt es Prozessionen mit dem Kultbild durch die Straßen der Stadt. An manchen Wallfahrtsorten kennt man einen Umgang. Mit dem Umgang ehrt man die Gottheit, um deren Kultbild man herumgeht. Und man will sie in seinen Gebeten bestürmen und in ihren

Bannkreis gelangen.[38] Während die Wallfahrt Symbol dafür ist, daß wir hier auf Erden unterwegs sind und dem Ziel entgegenwandern, erinnert der Umgang daran, daß die Engel und Heiligen im Himmel Gott umkreisen. Somit ist die Liturgie am Wallfahrtsort bereits Teilhabe an der himmlischen Liturgie. Und im Umgang reiht man sich schon hier auf Erden in den Reigen der seligen Geister ein, in den Chor der Heiligen, die Gott umgeben und unaufhörlich sein Lob singen.

Für uns Christen ist jeder Wallfahrtsort auch Symbol für das himmlische Jerusalem, für das endgültige Ankommen bei Gott. Wenn man nach tagelangem Pilgern am heiligen Ort ankommt, empfangen vom Gnadenbild und von den für den Ort typischen Liedern, dann ahnt man etwas davon, was es heißt, für immer anzukommen, für immer daheim zu sein, sich auszuruhen, am heiligen Ort bei Gott zu sein, aufgenommen in die Schar der vielen Menschen, die bei Gott ihr Ziel gefunden haben. Wir brauchen die Erfahrung des Ankommens und Angekommenseins, um uns immer wieder neu auf den Weg zu machen. Das Ankommen hält unsere Sehnsucht nach der wahren Heimat wach und schickt uns immer wieder auf den Weg.

Diese tief im menschlichen Herzen sitzende Sehnsucht ist sicher der Grund, daß heute wieder viele junge Menschen bei den Wallfahrten teilnehmen. Besondere Faszination scheint die Wallfahrt nach Santiago de Compostela auszuüben. Die Bücher über die Pilgerwege nach Santiago werden immer mehr. Und die Straßen dorthin bevölkern sich mit zahlreichen Jugendlichen. Sie ahnen etwas von dem Geheimnis unseres Lebens, von dem Geheimnis, daß wir immer unterwegs sind auf ein Ziel hin, unterwegs zu einem Haus, in dem sich daheim sein läßt. Sie wollen an den Erfahrungen teilhaben, die vor ihnen die vielen Pilger gemacht haben, die im Mittelalter über Jahrhunderte hinweg diese Straßen gezogen sind und in Santiago de Compostela etwas vom himmlischen Jerusalem erspürt haben. 9 Monate sind die Pilger damals unterwegs gewesen, 4 Monate wanderten sie jeweils hin und zurück, 1 Monat blieben sie am Ziel. 9 Monate brauchten sie für die neue Geburt, die sie sich von dieser Wallfahrt erhofften. Sie war ein Reinigungsweg für sie, ein Weg, auf dem Neues in ihnen wachsen konnte und nach dem sie daheim als Verwandelte, als Neugeborene ankamen. Vielleicht erhoffen sich die vielen Jugendlichen auch eine Neugeburt von ihrem Pilgern. Zumindest fasziniert es sie, daß sie an einem Geheimnis teilhaben, das über Jahrhunderte hinweg die Menschen in seinen Bann geschlagen hat.

II. BIBLISCHE THEOLOGIE

Ein Blick in die Heilige Schrift wird uns noch weitere Aspekte des Wanderns erschließen. Dabei gibt es verschiedene Wege, die biblischen Aussagen zu entdecken. Der erste Weg geht über das Wort. Wir schauen in der Konkordanz nach, in welchen Redewendungen das Wort »gehen« gebraucht wird. Der zweite Weg läßt uns einzelne Perikopen des AT und NT als typische Weggeschichten verstehen. Und der dritte Weg führt uns zu einer Theologie des Weges im Johannesevangelium und im Hebräerbrief.

1. Wegworte

Wenn wir die verschiedenen Redewendungen der Heiligen Schrift mit »gehen« und »wandern« anschauen, so entdecken wir im Gebrauch des Wortes schon ein ganz bestimmtes Verständnis, ja vielleicht eine regelrechte Theologie. Da sind zunächst viele Redewendungen, die Haltungen angeben, in denen wir wandeln sollen. Wir sollen im Gesetz des Herrn wandeln (Ex 16,4), auf den Wegen des Herrn gehen (Dt 8,6). Statt in Sünden (1 Kön 16,31) und Finsternis (Hiob 29,3), sollen wir im Lichte wandeln (Hiob 24,17, Jes 1,5). Wir sollen in Demut vor unserem Gott wandeln (Mich 6,8), oder wie Paulus sagt: in der Neuheit des Lebens (Röm 6,4), in der Liebe (Röm 14,15), im Glauben (2 Kor 5,7), im Geist (Gal 6,16) und in der Wahrheit, wie es der Johannesbrief ausdrückt (2 Joh 1,4).[39] Gehen, wandeln steht hier für das Leben schlechthin, aber es ist nicht einfach durch das Wort leben zu ersetzen. Das Bild ist nicht abtrennbar vom Wort und die Wirklichkeit ist nicht ohne Bild zu haben.

In eine andere Richtung weisen die Wortverbindungen mit »mit« und »vor«. Henoch wandelte mit Gott (Gen 5,24). Gott erscheint dem Abraham und sagt zu ihm: »Ich bin der höchste Gott, wandle vor mir und sei ungeteilt mit mir!« (Gen 17,1) Mit Gott leben, nach seinen Geboten leben, wird hier in das Bild gekleidet »vor ihm wandeln«. Abraham soll bei all seinen Wanderungen darum wissen, daß der Herr bei ihm ist. Vor Jahwe wandeln bedeutet dann, im Bewußtsein des gegenwärtigen Gottes gehen, auf Gottes Nähe achten bei allem, was man tut. Mit ganzem Herzen gilt es, vor dem Herrn zu wandeln (1 Kön 8,23), das heißt, auf allen Wegen auf den Herrn ausgerichtet zu sein und nach seinem Willen zu leben.

Umgekehrt verheißt Gott auch, daß er mit den Menschen wandeln will.

Mitten unter euch will ich wandeln, will euch Gott sein, und ihr sollt mein Volk sein! Ich, der Herr, bin euer Gott, der euch aus Ägypten fortgeführt hat, damit ihr nicht länger Sklaven seiet! Ich zerbrach die Stäbe eures Joches und ließ euch in aufrechter Haltung dahingehen (Lev 26,12f).

Für die Israeliten war das Mitgehen Gottes ein Bild für ihre Erlösung. Gott ging mit dem Volk bei der Befreiung aus Ägypten, er begleitete es tagsüber in der Wolke, des Nachts in der Feuersäule. Wenn Gott mit den Menschen geht, dann können sie aufrecht gehen, erlöst, befreit. Den Verbannten in der babylonischen Gefangenschaft verheißt Jahwe, daß er mit ihnen auf ihrem Weg in die Heimat gehen wird:

Schreitest du auch durch Wasser, ich bin bei dir, durch Ströme, sie schwemmen dich nicht fort; gehst du durchs Feuer, du wirst nicht versengt, und die Flamme verbrennt dich nicht! (Jes 43,2)

Nichts kann Israel etwas anhaben, wenn Gott mit ihm zieht. Das ist für Israel eine grundlegende Glaubenserfahrung.

Nicht nur Gott geht mit uns und wir mit Gott. Die Heilige Schrift spricht auch oft davon, daß Menschen miteinander gehen. Mit dem andern gehen ist Zeichen der Solidarität, des Mitseins mit ihm. So heißt es Jes Sir 7,34, daß wir mit den Trauernden gehen sollen. Wenn ich mit dem andern gehe, werde ich eins mit ihm, erfahre ich Gemeinschaft mit ihm. Beim Propheten Amos heißt es: »Können denn zwei miteinander wandern, es sei denn, sie werden einig unterwegs?« (Am 3,3) Das gemeinsame Gehen verbindet miteinander. Die Erfahrung der gleichen Mühen, das Teilen der körperlichen Anstrengung schafft eine Voraussetzung, auch mit dem Herzen des andern eins zu werden. Wer auf dem Wege ist, ist noch offen für den andern, er wird sich einig werden mit ihm. Nur wer festgefahren ist, bleibt stur, erstarrt, unbeweglich, isoliert. Christus fordert uns in der Bergpredigt auf: »Wer dich zu einer einzigen Meile nötigt, mit dem gehe zwei.« (Mt 5,41) Wer mit dem andern geht, nicht gezwungen, sondern freiwillig, der kann ihn im Gehen für sich gewinnen. Die Römer hatten das Recht, einen Juden zu einer Meile Wegbegleitung zu zwingen, entweder als Wegweiser oder als Lastenträger. Jesus rät, statt der geforderten Meile von selbst zwei mit dem verhaßten Römer zu gehen und so durch das Mitgehen aus dem Feind einen Freund zu machen. Wer mit dem andern geht, hat an ihm Anteil und wird eins mit ihm, er überwindet die Trennung und Isolierung und schafft Gemeinschaft.

Wenn Gott mit dem Menschen geht, dann

schützt er ihn vor allen Hindernissen, er schenkt ihm das Vertrauen, daß er in der Kraft Gottes über alle Schwierigkeiten hinweg ans Ziel gelangt. Von dieser Erfahrung künden vor allem die Psalmen. So betet David in Ps 18: »Mit dir erstürme ich Wälle, mit meinem Gott überspringe ich Mauern.« Gott gibt dem Wanderer Kraft, im Gehen wächst ihm die Kraft Gottes zu und er ahnt etwas von der Weite und Freiheit Gottes, in die er gehend hineinschreitet. Der Beter drückt diese Erfahrung so aus:

Er führte mich hinaus ins Weite, er befreite mich, denn er hatte an mir Gefallen. Gott hat mich mit Kraft gegürtet, er gewährte mir einen Weg ohne Anstoß. Du schaffst meinen Schritten weiten Raum, meine Knöchel wanken nicht (Ps 18).

Wenn Gott mit uns geht, kann uns nichts schaden, er schützt uns vor allem Unheil.

Denn seine Engel bietet er auf für dich, dich zu behüten auf allen Wegen. Auf Händen werden sie dich tragen, damit dein Fuß nicht an einen Stein stößt. Du wirst über Löwen und Nattern schreiten, kannst treten auf Löwen und Drachen (Ps 91).

Ähnlich heißt es in Ps 37: Der Herr festigt die Schritte des Mannes, er hat Gefallen an seinem Weg. Auch wenn er strauchelt, stürzt er nicht hin, denn der Herr hält ihn fest an der Hand.

Unser Weg führt durch Wüsten, durch finstere Schluchten, durch Feuer und Wasser, durch große Not. Doch wer mit Gott geht, kann immer wieder bekennen: »Muß ich auch wandern in finsterer Schlucht, ich fürchte kein Unheil, du bist ja bei mir«(Ps 22), oder »Wir schritten durch Feuer und Wasser, doch du hast uns hinausgeführt in die Freiheit.« (Ps 65) Gott ist mit uns auf unserem Weg und er führt uns in die Freiheit.

Unser Weg liegt immer vor Gottes Augen. Davon spricht der Psalm 139:

Ob ich gehe oder ruhe, du mißt es ab, du bist vertraut mit all meinen Wegen. Wohin könnte ich gehen vor deinem Geiste, wohin vor deinem Antlitz fliehen? Stieg ich hinauf in den Himmel, du bist dort, bettete ich mich in der Unterwelt, du bist zugegen.
Wir können vor Gott nicht davonlaufen, wir gehen vor seinen Augen. Er kennt all unsere Schritte. Er wird uns immer und überall einholen. Wenn Gott unsere Wege kennt und wir immer vor ihm gehen, dann kommt es darauf an, daß unsre Wege auch in die richtige Richtung weisen. Daher betet der Psalmist: »Schau, ob ich gehe auf einem Weg, der dich kränkt, und leite mich auf ewigem Wege.« (Ps 139)

Wohin geht unser Weg? Zum Hause des Herrn, zum Vater. Der Pilger betet auf dem Weg nach Jerusalem: »Wie froh war ich, als man mir sagte: Wir ziehen zum Hause des Herrn.« (Ps 121) Und in der Verbannung erinnert er sich an seine Pilgerfahrt nach Jerusalem: »Das Herz geht mir über, wenn ich daran denke, wie ich einherschritt in festlicher Schar zum Hause Gottes, mit Jubel und Dank in feiernder Menge.« (Ps 42) Der Prediger sagt: »Der Mensch geht dahin in sein ewiges Haus.« (Pred 12,5) Das Ziel des Wanderns ist immer die Heimat, das Daheimsein beim Vater. Wie der verlorene Sohn sollen wir uns aufmachen und zu unserm Vater gehen. Alle andern Wege führen nur ins Verderben und machen uns genauso unglücklich wie ihn. Er weiß es aus Er-fahrung. Er ist die falschen Wege gegangen.

Der Weg zum Vater, zur Heimat geht allerdings nicht immer den eigenen Wünschen und Vorstellungen entsprechend. Zum Vater gehen, das kann über das Kreuz führen wie bei Petrus: »Als du jünger warst, gürtetest du dich selbst und gingst, wohin du wolltest. Bist du aber alt geworden, wirst du deine Hände ausstrecken und ein anderer wird dich gürten und dich hinführen, wohin du nicht willst.« (Joh 21,18) Wir können uns den Weg nicht selbst aussuchen. Wir gehen, wohin uns ein anderer führt. Wir meinen, selbst zu gehen, und doch ist da ein anderer, der uns an die Hand nimmt. »Du sollst gehen, wohin ich dich sende«, sagt Gott zu Jeremias (1,7). Glücklich wer sagen kann: »Ich will dir folgen, wohin du auch gehst« (Mt 8,19) und wer bei all seinem Wandern durch Wüsten und Wirrnisse, durch Feuer und Wasser vertraut: »Du leitest mich nach deinem Ratschluß und nimmst mich am Ende auf in Herrlichkeit.« (Ps 73) Doch die Gefahr des Abirrens liegt nahe. Psalm 107 spricht von denen, die da umherirren in der Wüste und den Weg zur wohnlichen Stadt nicht finden. So ist die Bitte berechtigt: »Zeige mir, Herr, deine Wege, lehre mich deine Pfade.« (Ps 25) Unsere Wege sind oft nicht Gottes Wege. Wir können in die Irre gehen. Wir vermeinen, auf dem richtigen Wege zu sein und doch kommen wir da nicht ans Ziel. Wer diese Erfahrungen beim Wandern gemacht hat, der versteht den existentiellen Ernst einer solchen Bitte, daß unsere Wege auch Gottes Wege seien, richtige Wege, Wege, die ans Ziel führen, zum Vater, zur wohnlichen Stadt, in die Heimat.

Die Meditationsmethode, die uns den Sinn der biblischen Wegworte und zugleich den Sinn unseres Gehens erschließen kann, ist die ruminatio, wie sie im alten Mönchtum praktiziert wurde. Die Mönche wiederholten immer wieder das gleiche Schriftwort, um es mehr und mehr in sich hineinfallen und sich von ihm verwandeln zu lassen. Man kann das Wort bei allen Tätigkeiten wiederkäuen, beim Essen, Arbeiten, beim Gespräch, auf der Reise. Beliebt war bei den Mönchen die Methode, ein Wort gehend zu wiederholen. Treffend beschrieben ist dieser Weg in den »Aufrichtigen Erzählungen eines russischen Pilgers«, die im letzten Jahrhundert in Rußland veröffentlicht wurden.[40] Ein Pilger zieht jahraus jahrein mit dem gleichen Wort, dem Jesusgebet auf den Lippen und im Herzen durch die Gegenden Rußlands: »Herr Jesus Christus, Sohn Gottes, erbarme dich meiner.« Dieses Gebet sagt er sich im Gehen ständig vor. Und er macht die Erfahrung, daß er betend immer mehr in das Erbarmen Gottes hineinwächst, daß er Gottes Barmherzigkeit in sich zu spüren beginnt und auch selbst barmherzig wird, zufrieden, gütig und gelassen. Das Gehen ist für den Pilger offensichtlich eine Hilfe, das Jesusgebet zu verrichten und die Wirkung des Gebets an sich zu erfahren.

Das Jesusgebet selbst hat keine direkte Beziehung zum Gehen. Wenn wir uns jedoch gehend die biblischen Weg- und Gehworte immer wieder vorsagen, so kann uns das helfen, unser Wandern ganz neu zu erleben und im Wandern in das Wesen unseres Glaubens hineinzugehen. Wenn wir etwa mit dem Wort gehen: »Du schaffst meinen Schritten weiten Raum, meine Knöchel wanken nicht«, dann wird unser Gehen anders. Wir gehen leichter, wir ahnen etwas von Erlösung und Befreiung. Indem wir anders gehen, werden wir anders, wir werden ein Stück freier und weiter, wir spüren ein Stück mehr Vertrauen in uns. Das Wort macht unser Gehen recht und richtet uns selbst zurecht. Es bringt den Leib und die Seele in die rechte Verfassung.

Wenn wir mit den Gehworten aus den Psalmen wandern, werden wir erst den Sinn und die Erfahrung dieser Worte erfassen. Wer zwei Stunden nur mit dem Wort geht: »Wir ziehen zum Hause des Herrn« oder »Wohin könnte ich gehen vor deinem Geiste« oder »Mit dir erstürme ich Wälle, mit meinem Gott überspringe ich Mauern«, oder »Dein Wort ist meinem Fuß eine Leuchte«, der kann erfahren, was der Beter damals erfahren hat. All diese Worte sind aus der Erfahrung heraus geschrieben und wollen uns Erfahrung vermitteln. Doch an die Erfahrung kommen wir erst eigentlich heran, wenn wir das nachvollziehen, was die Beter zu ihrer Erfahrung gebracht hat: das Gehen und Wandern. Dabei bräuchten wir im Gehen nicht über die Worte nachzudenken, sondern sollten sie uns einfach wiederholen, ohne Druck, etwas Neues erkennen oder spüren zu müssen. Wir gehen mit dem Wort in der Hoffnung, daß das Wort im Gehen in uns eingeht, daß wir in das Wort hineingehen, in den Geist und in die Erfahrung des Wortes.

Die Methode, mit einem Wort zu gehen, gilt nicht bloß für Psalmverse, sondern auch für die kurzen Redewendungen mit »gehen«, die sich so häufig in der Schrift finden. Man kann sich beim Gehen vorsagen: »Ich gehe auf den Wegen des Herrn, ich gehe im Glauben, in der Liebe, oder ich wandle mit ungeteiltem Herzen vor dem Herrn, ich wandle in der Neuheit des Lebens.« Dann kann man vielleicht erahnen, daß das keine leeren Floskeln sind, sondern Glaubenserfahrungen. Diese Redewendungen waren ursprünglich wörtlich gemeint. So kommt z. B. die Wendung »fremden Göttern nachlaufen« (Jer 7,6) vom wirklichen Nachgehen hinter den Götzenbildern bei der Prozession her. Für uns ist Nachfolge etwas sehr Innerliches geworden, doch ursprünglich meint sie ein wirkliches Folgen, ein kulti-

sches Schreiten hinter den Götterbildern her.[41]
Die Erfahrung, die solche Ausdrücke meinen,
wird für uns existentieller, leibhaftiger, wenn wir
an ihren Ursprung rühren, wenn wir den Weg
vom Tun in die Verinnerlichung zurückschreiten
und so das Innere wieder an das Äußere binden,
die Seele und den Leib die Einsicht des Verstan-
des verstehen lassen.

2. Weggeschichten

Viele biblische Erzählungen sind Weggeschichten, Geschichten auf dem Weg. Die rechte Weise, die biblischen Weggeschichten zu meditieren
und sie sich persönlich zu erschließen, wäre, sie
mit auf den eigenen Weg zu nehmen, mit einer
Geschichte zu gehen, sie sich gehend immer wieder zu erzählen und vorzustellen. So ergeht man
sich eine solche Geschichte, man wird in sie hin-
einverwickelt und geht anders aus ihr heraus. Die
Geschichte nimmt einen selbst mit auf den Weg
und wandelt einen.

Wir wollen nur ein paar Beispiele biblischer
Weggeschichten vorstellen. Die Heilsgeschichte
geht an mit dem Auszug Abrahams aus seiner
Heimat (Gen 12,1-3). Abraham macht sich auf
den Weg, um den Verheißungen Gottes zu folgen. Dieser Auszug wird zum Urbild des Glaubens. Und der Glaube wird schon bald auf die
Probe gestellt (Gen 22,1-19). Abraham und sein
Sohn Isaak gehen stumm nebeneinander. Der
Vater soll seinen Sohn opfern, das Liebste, das er
hat. Ist das nicht auch ein Bild für unsern Weg,
auf dem wir verwundert über Gottes Wege dahingehen, grübelnd, ob wir wohl loslassen können, was er von uns verlangt? Wir können nur
hoffen, daß ein Engel des Herrn uns zu Hilfe

kommt und uns wie Abraham erkennen läßt, was wir hergeben und ihm überlassen sollen.

Eine Geschichte auf dem Weg ist auch die Erzählung von Jakobs Traum von der Himmelsleiter (Gen 28,10-22). Jakob ist auf der Flucht vor seinem Bruder Esau. Steine liegen ihm im Weg. Und an einem dieser Steine träumt er, daß das der Ort Gottes ist. Im Traum erkennt er die Wirklichkeit, an der er sonst achtlos vorübergegangen wäre. Gott selbst ist gegenwärtig, er umgibt ihn mitten in der Wüste, mitten auf dem Weg. Gott erscheint ihm gerade an dem Stein, der ihm im Weg liegt. Und er setzt einen Gedenkstein, um diese Erfahrung festzuhalten, die ihm da widerfahren ist. Manchmal gehen wir an der Realität vorbei. Wir brauchen dann Träume, um zu erkennen, was wirklich ist, daß von jedem Ort unseres Lebens aus eine Leiter in den Himmel geht, gerade von den Steinen, die uns im Weg liegen. Sie könnten unsern Weg öffnen für die Gegenwart Gottes, die uns überall umgibt.

Eine Weggeschichte ist auch der Kampf Jakobs mit Gott (Gen 32,23-33). Gott tritt dem Jakob auf seinem Weg entgegen und kämpft mit ihm. Er fordert ihn heraus bis zum äußersten. Es ist ein Kampf auf Leben und Tod. Und Jakob begegnet in dieser Herausforderung Gott selbst. Er hält ihm stand und so kann er bekennen: Ich habe Gott von Angesicht zu Angesicht gesehen und mein Leben ist doch erhalten geblieben. Doch die Anstrengung hat ihn gezeichnet. Von nun an hinkt er an seiner Hüfte.

Auf dem Weg durch die Wüste begegnet Mose Jahwe im brennenden Dornbusch (Ex 3,1-15). Er will nachsehen, was da brennt. Und da spricht

Gott ihn an und schickt ihn auf den Weg. Er soll das Volk Israel aus der Knechtschaft herausführen. Gott selbst wird mit ihm auf dem Weg sein. Der Auszug aus Ägypten wird in der Theologie des AT zum Weg schlechthin, zum Weg des Lebens, zum Weg der Erlösung und Befreiung. Dt 8,2.15f beschreibt diese grundlegende Erfahrung Israels:

Denke daran, wie dich der Herr, dein Gott, den ganzen Weg vierzig Jahre lang in der Wüste geleitet hat. In Drangsal hat er dich geraten lassen, auf die Probe gestellt, um zu erfahren, wie du im Herzen denkst, ob du seine Befehle ausführen willst oder nicht ... Er hat dich geleitet durch die große und schaurige Steppe, voll von feurigen Schlangen und Skorpionen, durch dürre, wasserlose Gegenden. Wasser ließ er aus hartem Kieselgestein hervorquellen. Er speiste dich in der Wüste mit Manna, das deine Väter nicht kannten.

In diesen Sätzen bekennt Israel seinen Glauben. Wir können unser eigenes Leben in diesem Weg durch die Wüste wiederfinden. Wir gehen durch schaurige Wüsten, geraten in Drangsal, aber Gott ist mit uns. Die Geschichte am Weg ist keine Geschichte am Rand, sondern eine mitten aus unserem Leben, eine, die zum Kern unserer Existenz vorstößt.

Elias wird müde auf seinem Weg, auf seiner Flucht vor Isebel, die ihm nach dem Leben trachtet. Er mag nicht mehr, er wünscht sich den Tod. Es ist zuviel für ihn, er ist auch nicht besser als seine Väter, so stellt er resigniert fest. Doch der Engel des Herrn rührt ihn an und spricht zu ihm: »Steh auf und iß, dein Weg ist weit.« (1 Kön 19,7) Und in der Kraft dieser Speise wandert er 40 Tage hindurch zum Berg Horeb, an dem er Gott begegnet im Säuseln des Windes. Auch das sind Wegerfahrungen, die uns unser Leben deuten. Wie oft wird es uns zuviel, wir können nicht mehr und wollen nicht mehr. Und ein Engel spricht uns an: »Steh auf und iß!« Und wir entdecken in uns ungeahnte Kräfte. Mitten aus unserer Schwäche und Ohnmacht heraus werden wir feinfühlig für die tiefsten Erfahrungen unseres Lebens: für die Erfahrung Gottes im Säuseln des Windes, in den kleinen unscheinbaren Widerfahrnissen unsres Alltags.

Oft ist unser Weg eine Flucht vor Gott, so wie Jona flieht vor dem Auftrag des Herrn. Statt hinzugehen, wohin Gott ihn sendet, macht Jona sich auf, um vor dem Herrn nach Tarsis zu fliehen (Jon 1,3). Doch der Herr holt ihn ein im Sturm. Und die Männer im Schiff werfen ihn ins Meer. Die Flucht vor Gott führt durch die Nachtmeerfahrt im Bauch des Fisches doch wieder hin zu Gott. Die Umwege enden wieder bei Gott. Die Jonageschichte erzählt unser Leben mit unserem Groll gegenüber Gottes Wegen, mit unseren Fluchtversuchen und sie schildert uns die Geduld Gottes, der barmherzig ist und uns am Ende unserer Umwege erwartet.

Auch das NT kennt eine Reihe von Weggeschichten, allen voran die Geschichte von den drei Magiern aus dem Morgenland, die sich auf den Weg machen, um den neugeborenen König der Juden anzubeten, die sich aufmachen und dem Stern folgen und die schließlich niederfallen, weil sie angekommen sind, weil ihre Sehnsucht erfüllt ist. Am Ende ihrer mühevollen Fahrt knien sie vor einem unscheinbaren Kind nieder. Diese Weggeschichte hat das Volk in zahlreichen Legenden ausgeschmückt, weil es hierin sich selbst wiedererkannt hat: auf dem Weg durch die Wüste, mit und ohne Stern, fragend und suchend, erschöpft, enttäuscht, verirrt und doch der Sehnsucht gehorchend, angekommen bei einem kleinen Kind, in dem Gottes Herrlichkeit aufleuchtet.

Das ganze Leben Jesu war ein Weg, ein Weg über das Kreuz zur Auferstehung. Jesus predigt den Menschen auf dem Weg, er begegnet ihnen, indem er selbst durch Galiläa zieht. Er beruft seine Jünger, daß sie ihm nachfolgen und mit ihm den Weg gehen. Und er durchzieht mit seinen Jüngern Galiläa und Judäa. Er predigt das Evangelium vom Reich Gottes und heilt die Kranken. So faßt Matthäus das Wirken Jesu zusammen: »Jesus durchwanderte ganz Galiläa, lehrte in ihren Synagogen, predigte das Evangelium vom Reiche und heilte jegliche Krankheit und jegliches Gebrechen im Volke.« (Mt 4,23) Und wenn Jesus seine Jünger aussendet, so tut er es mit dem Befehl: »Geht hin und verkündet: das Himmelreich ist nahe.« (Mt 10,7) Auch die Predigttätigkeit der Jünger vollzieht sich auf dem Weg. Sie sollen nichts mitnehmen auf den Weg, »auch keine Tasche für unterwegs, auch nicht zwei Röcke, noch Schuhe, noch Stab«. (Mt 10,10) Sie befolgen den Auftrag Jesu, indem sie sich auf den Weg machen, durch die Städte und Dörfer ziehen und die Frohe Botschaft verkünden. Sie dürfen Gastfreundschaft beanspruchen, aber nirgends sollen sie sich niederlassen, sondern immer weiterwandern. Darin folgen sie Christus nach.

Das Thema des Weges spielt vor allem in Lukasevangelium eine wichtige Rolle. Da macht sich Maria auf und geht eilends in das Gebirge in eine Stadt Judas, um Elisabeth zu besuchen (Lk 1,39f). Joseph und Maria ziehen von Nazareth hinauf nach Bethlehem. »Auf der Wanderschaft wird Jesus geboren und so ist sein Leben von der ersten Stunde an als das eines Wanderers gezeichnet.«[42] Mit dem Kind gehen die Eltern nach Jerusalem hinauf, um es dem Herrn darzustellen (Lk 2,22). Und dann ziehen sie zurück nach Nazareth in Galiläa. Mit dem 12jährigen pilgern sie ihrer Gewohnheit gemäß nach Jerusalem. Und auf dieser Pilgerfahrt geht ihnen etwas auf vom Wesen ihres Sohnes (2,41-52).

Nach den Wanderungen der Kindheit setzt Lukas erst wieder beim öffentlichen Wirken Jesu ein, bei seinem Wanderleben. Wandernd predigt und heilt Jesus, beruft er seine Jünger und begegnet Menschen, mit denen er ins Gespräch kommt. Als er mit seinen Jüngern durch die Saatfelder geht, begegnen ihm die Pharisäer und er läßt sich mit ihnen in eine Diskussion ein, was denn nun Gottes Wille sei (6,1-11). Auf dem Wege kommt ihm der Hauptmann von Kapharnaum entgegen (7,2-10). Und auf Nain zuwandernd stößt er auf den Leichenzug und gibt der Mutter ihren toten Sohn zurück (7,11-16). Mit Jesus ziehen seine Jünger, aber auch einige Frauen, die von ihm geheilt worden waren (8,1f).

Ab 9,51 setzt dann der große lukanische Reisebericht ein, der mit 10 Kapiteln einen breiten Raum einnimmt (9,51-19,27). Der Weg Jesu nach Jerusalem ist für Lukas der eigentliche Inhalt des Lebens Jesu.[43] Jesus geht nach Jerusalem als dem Ort seines Leidens und seiner Vollendung. Zwei Motive sind auf diesem Weg für Lukas tragend: einmal Jesus als Wanderer, dann die Ausrichtung des Weges nach Jerusalem. In diesen beiden Motiven entfaltet Lukas eine eigene Theologie des Wanderns.

Jesus ist für Lukas wesentlich ein Wanderer: »Ich muß heute und morgen und am kommenden Tag wandern.« (13,33) Jesus ist Wanderer, aber zugleich auch Gast, der bei den Menschen einkehrt.

Im wandernden Jesus kommt Gott selbst zu den Menschen und läßt sich von ihnen aufnehmen. Dieses Motiv findet sich ähnlich in zahlreichen griechischen Göttersagen, etwa in der Erzählung von Philemon und Baucis oder in der Odyssee. Lukas verwendet dieses in der Antike weit verbreitete Motiv christologisch, das heißt: Jesus ist für ihn der Beauftragte Gottes. In ihm und durch ihn besucht Gott selbst die Menschen, verborgen in der Gestalt des Wanderers, der dann als Gast bei ihnen einkehrt, mit ihnen ißt und trinkt und ihnen so Gottes Menschenfreundlichkeit nahebringt.[44]

Das zweite Motiv des lukanischen Reiseberichtes ist die Ausrichtung des Weges Jesu nach Jerusalem, dem Ort seines Leidens und seiner Vollendung. Jesus geht den Weg des Leidens, der ihm bestimmt ist. Er nimmt diesen Weg bewußt auf sich. Seine Lehren auf diesem Weg sind Lehren angesichts des Todes und der Auferstehung.[45] Jesus belehrt seine Jünger, daß sie ihm nachfolgen. Ihm nachfolgen bedeutet, ihm in seinen Tod zu folgen, mit ihm den Weg des Leidens und des Kreuzes zu gehen, alles Irdische zurückzulassen und sich ganz auf Gott einzulassen. Auf dem Wege begegnen Jesus Menschen, die mit ihm gehen wollen. Doch er läßt nur den mit sich ziehen, der alles hinter sich läßt:

Als sie auf dem Wege dahingingen, sprach einer zu ihm: »Ich will dir folgen, wohin du auch gehst.« Jesus sprach zu ihm: »Die Füchse haben Höhlen und die Vögel des Himmels Nester; aber der Menschensohn hat nichts, wo er sein Haupt hinlege.« Zu einem andern sprach er: »Folge mir nach.« Der sprach: »Herr, laß mich zuvor hingehen und meinen Vater begraben.« Er erwiderte ihm: »Laß die Toten ihre Toten begraben; du aber geh' hin und verkünde das Reich Gottes.« Und ein anderer sprach: »Herr, ich will dir nachfolgen; aber laß mich zuvor Abschied nehmen von meinen Hausgenossen.« Jesus sprach zu ihm: »Niemand, der seine Hand an den Pflug legt und zurückschaut auf das, was hinter ihm liegt, ist tauglich für das Reich Gottes.« (9,57-62)

Wer Jesus nachfolgen will, wird heimatlos wie er, er hat keinen Ort, an dem er sich niederlassen kann, er muß Vater und Mutter verlassen, seinen Besitz zurücklassen, sich ganz frei machen für das Reich Gottes, sich von Christus hinschicken lassen, wohin ER will.

Auf dem Weg nach Jerusalem erzählt Jesus selbst eine Weggeschichte: die Geschichte vom barmherzigen Samariter: »Es ging ein Mann von Jerusalem hinab nach Jericho und fiel unter die Räuber.« (10,30) Und da gehen noch drei Männer hinab. Von zweien heißt es, »Er sah ihn und ging vorüber.« Nur der Samariter ging nicht vorüber. »Er ging hin, goß Öl und Wein über seine Wunden und verband sie.« (10,34) Unser Weg ist immer auch ein Weg, der an Menschen vorbeiführt. Wir gehen miteinander unsern Weg. Die Frage ist, ob wir den am Weg liegenden Nächsten überhaupt sehen. Und wenn wir ihn sehen, gehen wir dann hin wie der Samariter oder gehen wir vorüber? Diese Alternative, Hingehen oder Vorübergehen, entscheidet über unser Leben.

Auf dem Wege heilt Jesus den Blinden, der nach ihm schreit (18,35-43). Auf dem Wege geht er an Zachäus vorbei, der auf den Baum gestiegen war, um ihn zu sehen. Er schaut ihn an und macht ihn neu, weil er ihn nicht verurteilt, sondern annimmt, mit ihm Mahl hält (19,1-10). Von Jericho zieht Jesus hinauf nach Jerusalem, und sein Einzug wird zum Triumphzug und zugleich zum

Eingehen in das Ende, in den Tod. Jesus geht seinen Weg nach Jerusalem mit seinen Jüngern, aber doch letztlich einsam. Als er zu ihnen sagt: »Seht, wir gehen hinauf nach Jerusalem, und es wird alles in Erfüllung gehen, was geschrieben ist durch die Propheten über den Menschensohn« (18,31), da bleibt er unverstanden: »Sie aber verstanden nichts davon.« (18,34) Jesus muß seinen Weg in innerer Einsamkeit gehen, auch wenn ständig Menschen um ihn herum sind. Seinen Weg in den Tod kann ihm niemand ersparen. Er muß ihn gehen im Gehorsam seinem Vater gegenüber, auch wenn niemand ihn versteht. Und am Ende dieses Weges gibt er in der Verlassenheit am Kreuz sterbend dem Vater sein Leben zurück: »Vater, in deine Hände befehle ich meinen Geist.« (23,46)

Doch für Lukas ist das nicht das Ende des Weges. Er erzählt vielmehr noch eine Weggeschichte. Da gehen zwei Jünger nach Emmaus, traurig, enttäuscht, in ihrer Hoffnung betrogen. Unerkannt gesellt sich der Auferstandene zu ihnen. Er geht mit ihnen, legt ihnen die Schriften aus und allmählich verstehen sie, bis ihnen beim Brotbrechen die Augen aufgehen und sie erkennen: es ist der Herr selber. Mit dieser Weggeschichte entläßt uns Lukas auf unsern Weg. Wir gehen unsern Weg nicht allein. Christus selbst geht mit uns. Und weil er mit uns geht, können wir unsern Weg verstehen. Die Emmausgeschichte wurde für viele Menschen zum Symbol ihres Lebens. In vielen Gegenden war es üblich, am Ostermontag einen Emmausgang zu machen. So eine Gewohnheit entsteht nur, wenn man sich in einer Geschichte wiederfindet und wenn man sich von diesem Gang eine Erhellung und Heilung seines Lebens verspricht. Der Emmausgang war die Einübung in die Frohe Botschaft, daß der Auferstandene mit uns geht, mitten in unserem Alltag, auf all unsern Wegen. So ein Emmausgang kann uns von der Weggeschichte des Lukas mehr verstehen lernen als eine noch so gute exegetische Auslegung. Er kann uns leibhaft erfahren lassen: jetzt, da ich gehe, leer und ausgepumpt, über bekannte und unbekannte Wege, mitten im Lärmen und mitten in der Stille, im Gedränge und in der Einsamkeit, enttäuscht und in meiner Hoffnung betrogen, das Durcheinander meines Lebens nicht verstehend, da geht Christus mit mir. Er geht neben mir und erschließt mir den eigenen Weg, deckt mir den Sinn meiner Geschichte auf, er erklärt mir, warum ich diesen Weg bisher gehen mußte: »um einzugehen in seine Herrlichkeit« (24,26). Und wenn ich anhalte, können auch mir die Augen aufgehen und ich werde erkennen: Ja, es ist der Herr.

3. Theologie des Weges

Das Wort Weg wird nicht bloß im Deutschen, sondern in den meisten Sprachen in vielen Bedeutungen gebraucht. Weg kann die Strecke bezeichnen, die man geht, aber auch die Maßnahme, das Verfahren, die Art und Weise, wie man etwas tut und wie man lebt, das Mittel, die Methode (methodos kommt von hodos), etwas zu erreichen oder etwas auszuführen.[46] Übertragen kann es die Lebensführung, den Lebenswandel bedeuten. Im AT wird Weg vor allem im Zusammenhang damit gebraucht, daß Gott sein Volk einen Weg geführt hat. Gott kann einen Weg schaffen, wo es dem Menschen unmöglich scheint, zu gehen (Jes 43,16; 51,10). Die Psalmen sprechen von den Wegen Gottes, von den Wegen, die Gott mit seinem Heilshandeln geht und die für die Menschen oft unverständlich bleiben (Ps 67,3; 25,10;

95,7-11). Doch Gott heißt auch die Menschen, seine Wege zu gehen, nach seinen Geboten zu handeln. So kann Weg das Verhalten des Menschen bezeichnen. Der Mensch kann gute und böse Wege gehen. Der böse Weg führt ins Verderben, die Wege Gottes zum Leben. Im NT finden wir diese verschiedenen Bedeutungen des Wortes Weg wieder. Doch an einigen Stellen entdecken wir neue Aspekte. In der Bergpredigt spricht Christus von den zwei Wegen, zwischen denen wir zu wählen haben (Mt 7,13f). Das Motiv von den zwei Wegen wurde in der Antike seit der Prodikosfabel von Herakles, der am Scheideweg den Gestalten der Tugend und des Lasters begegnet, oft verwendet.[47] Jesus bezeichnet die Bergpredigt als den schmalen Weg zum Leben. Wer nach seinen Worten handelt, wird durch die schmale Türe ins Himmelreich eingehn. Paulus spricht in 1 Kor 13 vom köstlicheren Weg, den er den Christen zeigen will. Es ist der Weg der Liebe. Weg ist hier ein Lebensvollzug aus der Liebe heraus. Paulus kann auch auf »meine Wege in Christus» hinweisen (1 Kor 4,17), und meint damit seinen christusgemäßen Lebenswandel, der an seinem konkreten Verhalten anschaulich wird.[48]

Diese Bedeutungen von Weg scheinen nicht mehr viel mit dem Wandern zu tun zu haben. Es sind Bilder, Abstraktionen, bei denen vom Erfahrungshintergrund des Gehens kaum noch etwas zu spüren ist. Und dennoch sind diese Bilder alle aus der Erfahrung des Wanderns heraus entstanden. Beim Gehen stoßen wir eben auf Wegkreuzungen, von denen wir nur einen Weg als den richtigen wählen können. Und es gibt eben Wege zum Ziel und Wege, die nicht weiter führen. Es gibt Wege, die stimmig sind, christusgemäß, und Wege, die falsch sind, Holzwege, Wege, die sich im Sand verlaufen. Es gibt Wege, die Gott uns führt, und Wege, die uns Blinde führen, die sich selbst nicht auskennen. Wir wollen den Erfahrungshintergrund des Gehens auch im Blick haben, wenn wir uns nun zwei neutestamentlichen Schriften zuwenden, die eine eigene Theologie des Weges entfalten und so auch zu einer Theologie des Wanderns beitragen.

a) Johannesevangelium

Einen Höhepunkt der neutestamentlichen Wegtheologie stellt das Wort Jesu dar, in dem er sich selbst als den Weg bezeichnet. In den Abschiedsreden nach der Fußwaschung spricht Jesus davon, daß er zum Vater geht, um auch für die Jünger einen Platz zu bereiten.
Und wenn ich hingegangen bin und euch einen Platz bereitet habe, komme ich wieder und werde euch zu mir holen, damit auch ihr dort seid, wo ich bin. Und den Weg, wohin ich gehe, kennt ihr. Thomas sagte zu ihm: »Herr, wir wissen nicht, wohin du gehst, wie sollen wir den Weg kennen?« Jesus sprach zu ihm: »Ich bin der Weg und die Wahrheit und das Leben; keiner kommt zum Vater außer durch mich.« (Joh 14,3-6)

Jesus leitet das Wort vom Weg mit einem feierlichen »ich bin« ein. Das ist eine Offenbarungsformel, die sich bei Johannes öfter findet: »Ich bin das Licht, ich bin das Brot, ich bin die Türe.« Aller Nachdruck fällt in dieser Selbstoffenbarung auf den Ausdruck »Ich bin der Weg«. Die beiden Begriffe Wahrheit und Leben erläutern und begründen, wie Jesus der Weg sein kann. Er ist der Weg zum Vater, weil er die Wahrheit offenbart, die zum Leben führt und weil er selbst das Leben ist und Leben dem schenkt, der an ihn glaubt.

Wer zum Vater kommen will, zu den Wohnungen im Hause des Vaters, von denen Jesus 14,2 gesprochen hat, der kann nur durch Jesus dorthin gelangen. Er ist der Weg zum Vater.

Um die Deutung dieses rätselhaften Wortes haben sich schon die Kirchenväter bemüht. Sie verstehen die beiden Begriffe Wahrheit und Leben meistens als das zu erreichende Ziel. Augustinus bezieht Wahrheit und Leben auf die Präexistenz des Sohnes. Jesus ist die Wahrheit und das Leben, insofern er beim Vater ist. Er wurde unser Weg, insofern er Fleisch angenommen hat: Manens apud Patrem, veritas et vita, induens se carnem, factus est via.[49] Christus ist unser Weg geworden, weil er Mensch geworden ist, weil er sichtbar, greifbar und weil er uns ähnlich geworden ist, weil er selbst unsern Weg als Mensch gegangen ist. Man darf dieses Wegwort nicht bloß so verstehen, daß wir Jesus nachahmen sollen, um wie er zum Vater zu kommen. Der Weg ist nicht ablösbar von Christus. Jesus nimmt uns selbst mit auf den Weg, er führt uns, er erhellt uns den Weg, weil er die Wahrheit ist und er läßt uns jetzt schon teilhaben an seinem Leben, das durch die Auferstehung ewig und unvergänglich geworden ist. Der Weg ist nicht ein System von Geboten, die zum Leben führen, sondern er ist eine Person. Wer sich auf Jesus einläßt, kommt zum Vater. Wir können den Weg, den Christus gegangen ist, nicht ohne ihn gehen. Es ist keine Methode, die ablösbar von ihm ist. Er hat einen neuen Weg eröffnet, den wir selbst nie gefunden hätten. Und wir können ihn selbst nur gehen, wenn wir mit ihm und in ihm bleiben.

Doch sagt uns das Wort nur etwas über die Person Jesu, über seine Bedeutung für unsere Erlösung, oder sagt es uns auch etwas über unsern Weg, bietet es uns eine Theologie des Wanderns?

Wir müssen uns davor hüten, solche Bildworte zu verflüchtigen. Wenn Jesus sich als den Weg bezeichnet, so muß das Bild auf dem Erfahrungshintergrund des Weges und des Wanderns verstanden werden. Und vielleicht kann einem so ein Wort nur in seiner ganzen Tiefe aufgehen, wenn man es gehend meditiert, wenn man die Reflexion an das Tun bindet, über das man reflektiert. Das Gehen befruchtet das Nachdenken und das Nachdenken läßt unser Gehen anders werden. Es deckt uns auf, was wir eigentlich tun, wenn wir bewußt gehen.

Christus ist der Weg, den ich gehe. Wenn die Pilger an Wallfahrtsorten den Kreuzweg beten, indem sie ihn selbst abschreiten, so ahnen sie dabei, daß sie durch diesen Weg Christus nahekommen, ihm begegnen und in seine Gesinnung, in seinen Geist hineingehen. Oder wenn wir heilige Wege gehen, ausgetretene ehrwürdige Pfade, dann spüren wir auch, daß wir an den Erfahrungen der Menschen teilhaben, die vor uns diese Wege gegangen sind. Diese Erfahrung könnten wir auf jeden Weg übertragen. Indem wir gehen, gehen wir immer Christus nach, gehen wir den Weg Jesu zum Vater. Jeder Weg ist ein Stück Kreuzweg, ein Stück Weg über den Tod zur Auferstehung, ein Stück Weg zum Vater. Indem wir gehen, sind wir in Christus, ist Christus in uns. Er ist der Weg, er ist die Bewegung zum Vater. Und nicht die Kraft unserer Füße bringt uns dem Vater näher, sondern nur die Verbundenheit mit Christus, das Gehen in Christus.

Im Mittelalter gab es mancherorts den Brauch, den Weg zu einem Wallfahrtsort mit seinem ganzen Leib abzumessen. Man bewegt sich dadurch fort, daß man sich zur Erde wirft und die Beine jedesmal da ansetzt, wo eben der Kopf lag.[50] Vielleicht steht hinter diesem Brauch der Glaube daran, daß der Weg selbst heilig ist, daß wir auf dem Wege und im Wege Jesus begegnen. Indem wir gehen, sind wir bei Christus, der selbst der Weg ist. Auf dem Wege sein, bedeutet dann auch immer, in Christus sein. Solange wir auf dem Wege sind, sind wir in Christus. Christus begegnet uns nicht bloß im Bruder, nicht bloß in der Schöpfung und nicht nur in den Sakramenten der Kirche, sondern auch im Weg. Wer einen Weg wirklich »geht«, ihn bewußt geht, begegnet darin Christus und wird in seine Bewegung zum Vater hineingenommen.

Jeder Weg ist ein Wandlungsweg, ein Mysterienweg. Die Riten der Völker, in denen sie in das Geheimnis Gottes eingeweiht wurden, waren ursprünglich Wege. Die Frühmenschen wagten sich gefährliche Wege in die oft tief im Innern der Berge liegenden Höhlen hinein, die ihnen als Kultorte dienten. Erich Neumann, der die Entstehung des Ritus von der Psychologie her beschreibt, spricht vom Archetyp des Mysterienweges, »an dessen Ende ein Wandlungsgeschehen steht«. »Dieser Wandlungsort aber ist nur auf einem Einweihungsweg zu erreichen, der durch ein todesträchtig gefährliches Labyrinth führt, in dem keine Bewußtseins-Orientierung möglich ist.«[51] Die Labyrinthe, die man in mittelalterlichen Kathedralen findet, künden noch von dieser Erfahrung des Ritus als eines Weges in das Innere der Höhle, in der man die Erleuchtung und Wandlung erhoffte. Man geht das Labyrinth, seine vielen Verschlingungen und Kehren, um sich innerlich zu wandeln. Den Weg gehen, bedeutet also auch, am Mysterium der Verwandlung teilzuhaben. Für uns Christen ist der Ritus die Teilhabe an Tod und Auferstehung Jesu. Jesus ist für uns der Weg, der uns durch den Tod zur Auferstehung, zur wahren Erleuchtung, zur Teilhabe am ewigen Leben führt. Jeder, der bewußt geht, begeht letztlich einen Ritus; er geht in die Verwandlung durch Tod und Auferstehung Jesu hinein. Für Neumann werden im Gehen der Gehende und der Weg eins. Das Gehen führt zur Individuation, zur Selbstverwirklichung, zum Einswerden mit sich selbst und mit Gott:

Das ganze Leben erweist sich als ein Ritual. Ritus heißt ja gehen, und im Zentrum des Individuationsprozesses steht die Erfahrung, daß die Riten und der die Riten Vollziehende, der Gehende und der Weg ein und dasselbe sind, oder daß, um es paradox zu formulieren, der Gehende der Weg ist, der sich selber geht.[52]

Von daher wird vielleicht verständlich, was Jesus letztlich sagen will mit seinem Wort: »Ich bin der Weg.« Jesus ist unser Weg, auf dem wir gehend verwandelt werden, auf dem wir in sein Mysterium von Tod und Auferstehung hineingehen und so zum Vater kommen, zur ewigen Wohnung im Haus des Vaters.

b) Der Hebräerbrief

Das Grundthema des Hebräerbriefes ist das des wandernden Gottesvolkes. »Der Verfasser versteht die christliche Gemeinde wesentlich als Gemeinde unterwegs.«[53] Die Christen sind wie die Israeliten auf dem Weg durch die Wüste in das verheißene Land. Doch im Gegensatz zu den Israeliten, die ihr Herz verhärteten und sich dem Wort Gottes verschlossen, sollen die Christen sich für das Wort öffnen, das ihnen die Gewißheit gibt, daß sie in die Sabbatruhe Gottes eingehen werden. Das Ziel ihrer Glaubenswanderung ist die Ruhe bei Gott. Hier klingt ein Motiv auf, das an die Paradieseserzählung anknüpft. Dort konnten die Menschen ruhen, wohnen, bei Gott sein. Seit der Vertreibung aus dem Paradies ist unser Schicksal der Weg. Wir müssen gehen, wir können nicht wohnen, nicht ausruhen. Und dieser Weg ist beschwerlich, so beschwerlich, daß der Verfasser des Hebräerbriefes der Gemeinde auf ihrem Wege Mut zusprechen muß. Sie soll trotz aller Anfechtung weitergehen. Der Weg wird ans Ziel führen, wenn sie sich an Christus und seine Verheißungen bindet.

Christus ist der Vorläufer auf unserem Wege. Er ist den Weg vorausgegangen. Als Hoherpriester ist er eingetreten in den Himmel, in das Heiligtum Gottes. Durch seinen Tod am Kreuz hat er uns den Zugang zum Thron der Gnade eröffnet. Und er läßt uns nicht allein auf dem Wege, sondern tritt fürbittend für uns ein. Als König und Hoherpriester zugleich ist er der Anführer und Vollender des Glaubens geworden, der uns vorausgegangen ist auf dem Weg der Schmach, damit wir mutig ihm nachfolgen. So ermahnt der Verfasser die Gemeinde auf dem Weg, sie solle
mit Ausdauer laufen in dem vor uns liegenden Wettkampf. Laßt uns dabei aufblicken zu Jesus, dem Anführer und Vollender des Glaubens, der für die ihm bestimmte Freude das Kreuz erduldete, die Schmach nicht achtete und zur Rechten des Thrones Gottes sich gesetzt hat (12,1f).

Die Gemeinde ist angefochten wie Christus. Doch sie soll auf das Ziel schauen, das Christus als der Anführer des Glaubens bereits erreicht hat. Das Ziel liegt im Jenseits. Es ist der Himmel. Und es liegt vor uns, in der Zukunft. Die christliche Existenz ist wesentlich Wanderschaft auf das ewige Ziel hin. Die Gemeinde kann dabei, »wenn

sie auf dem Wege bleibt, den Christus ihr vorausgegangen ist, ihres Heiles sicher sein«.[54] So sollen
die Christen zuversichtlich ihren Weg gehen:

Da wir nun, Brüder, zuversichtliche Hoffnung haben,
in das Heiligtum einzugehen durch das Blut Jesu, auf
einem Weg, den er uns als neu und lebendig eröffnet
hat, durch den Vorhang, das ist durch sein Fleisch, und
da wir einen erhabenen Priester haben über dem Haus
Gottes, so laßt uns hinzutreten mit aufrichtigem Herzen, in der Überzeugung des Glaubens (10,19-22).

Als Vorbild für die »getroste Wanderschaft«[55]
der christlichen Gemeinde führt der Hebräerbrief eine Wolke von Zeugen auf, die sich alle im
Glauben auf den Weg gemacht haben, die ausge-
zogen sind aus dem Vertrauten und Gewohnten,
um nach einer mühsamen und beschwerlichen
Glaubenswanderschaft einzugehen in die Ruhe
Gottes, in das Heiligtum Gottes, in die neue
Stadt. Da wird Abraham gepriesen, wie er im
Glauben auszog, ohne zu wissen, wohin er kommen werde, wie er sich im Glauben als Fremdling
im Land der Verheißung niederließ. Abraham
blieb zeit seines Lebens Fremdling. Nichts ge-
hörte ihm im Land der Verheißung außer seiner
Grabstätte Makpela bei Hebron. Erst im Tod endet seine Fremdlingschaft.

Im Glauben ließ er sich als Fremdling nieder im Land
der Verheißung wie in einem fremden und wohnte in
Zelten mit Isaak und Jakob, den Miterben der gleichen
Verheißung. Denn er wartete auf die festgegründete
Stadt, deren Baumeister und Schöpfer Gott ist (11,9f).

Wie Abraham waren auch seine Nachkommen
unterwegs in das Land der Verheißung:

ohne die Verheißungen erlangt zu haben. Nur von ferne sahen und begrüßten sie diese und bekannten, daß
sie Pilger und Fremdlinge seien auf Erden. Denn die so
sprechen, geben zu erkennen, daß sie eine Heimat suchen. Hätten sie etwa jene gemeint, aus der sie ausge-

zogen waren, so hätten sie ja Gelegenheit gehabt, wieder zurückzukehren. Nun aber verlangen sie nach einer besseren, nämlich der himmlischen (11,13-16).

Das Beispiel der Väter soll die Christen ermutigen, daß sie die erschlafften Hände und die wankenden Knie wieder aufrichten (12,12) und voll Zuversicht ihren Weg gehen. Sie sollen sich von den zahlreichen Anfechtungen, von Leid und Trübsal nicht davon abhalten lassen, den Weg zur himmlischen Heimat mit Eifer und Freude weiterzugehen. Das Beispiel Jesu zeigt ihnen, daß ihr Weg notwendig durch eine Kampf- und Todeszone geht, die nur im Aufblick zu Christus und sein Kreuz bestanden werden kann. Ja, sie sollen bewußt hinausgehen zu Jesus vor das Lager, um seine Schmach mit ihm zu tragen (13,13). Denn Jesus hat vor den Toren gelitten, außerhalb des Lagers, also in der Profanität und Säkularität der Welt. Daher ist die Nachfolge Christi mitten in der Welt, mitten im oft so gottfernen Alltag zu leisten. Dort sollen die Christen den Weg Jesu gehen. Sie sollen auf die himmlische Heimat zugehen und mitten in der Welt doch die Welt hinter sich lassen, sie durchwandern wie Fremdlinge und Pilger. »Denn wir haben hier keine bleibende Stätte, sondern suchen die zukünftige.« (13,14)

Käsemann und mit ihm viele andere Exegeten haben für das Motiv des wandernden Gottesvolkes Parallelen bei dem jüdischen Philosophen Philo und in der Gnosis gefunden. Bei Philo ist das Grundthema das Schreiten des Menschen auf einem Wege, der der königliche genannt wird. Auf ihm kehrt der Mensch heim in die himmlische Heimat, in der er ausruhen darf. Es ist ein Weg, auf dem der Mensch neu geboren und vergöttlicht wird. Auf diesem Weg muß der Mensch alles Irdische und Sinnenhafte hinter sich lassen und sich nur von der Weisheit führen lassen. Wie die Wanderschaft des Gottesvolkes, so ist auch der Königsweg ein Kampf. Der Wanderer muß sich fragen lassen, ob er bereit ist, alles hinter sich zu lassen, »was der Erscheinungswelt angehört und als irdisches Gut betrachtet wird«.[56] Er darf nicht aus der göttlichen Ordnung heraustreten und zur feigen Lust überlaufen.

Ähnlich sieht die Gnosis die Himmelsreise der Seele. Hier lebt die Seele in der Fremdlingschaft. Ihr Ziel ist das Heimathaus, der Ort des Lichts, das Haus des Lebens, das Haus der Vollendung, das große erste Vaterhaus.[57] Auf dem Weg gilt der Erlöser als Führer und Helfer, der die Seele zur Lichtwelt begleitet. Wie weit der Hebräerbrief von diesen beiden Strömungen abhängt, läßt sich nicht sicher sagen. Es muß gar keine Abhängigkeit sein, da es sich hier um urmenschliche Bilder, um Archetypen handelt, mit denen Menschen aller Religionen ihr Leben gedeutet und verstanden haben. Wir sind auf dem Weg zur Heimat. Und auf diesem Wege haben wir zu kämpfen, aber es ist uns einer vorangegangen, der durch den Tod hindurch schon zum Leben gelangt ist und auch uns zum Leben führen wird, zur Ruhe in Gott, zum Vaterhaus.

Die Theologie des Hebräerbriefes steht in einer Reihe mit vielen Entwürfen unseres Lebens als Weg zu Gott. Erinnert sei an Bonaventuras Itinerarium mentis ad deum, an Bunyans Pilgerreise, die das ganze Leben unter dem Bild des Weges beschreibt, an den Prolog in der Regel Benedikts, der das Leben eines Mönchs als einen Weg bezeichnet, den man mit weitem Herzen und in der Süßigkeit der Liebe läuft. Das Bild des Weges für das menschliche Leben ist in allen Religionen verbreitet. Für die Chinesen ist Tao der Weg, der Gang des Alls, die natürliche Weltordnung, der der Mensch in seinem Leben entsprechen muß. Im alten Indien ist marga der Heilsweg, der ein Weg der Werke, ein Weg der Erkenntnis, ein Weg der leiblich-seelischen Übung (yoga-marga) oder ein Weg der Gottesliebe sein kann. Buddha lehrt den achtgliedrigen heiligen Pfad. Und die christliche Mystik kennt im Anschluß an die hellenistischen Mysterienreligionen den dreifachen Weg der Reinigung, Erleuchtung und Einigung.[58]

Wenn man sich fragt, warum in allen Religionen der Weg als Bild für das menschliche Leben genommen wird, so wird man darauf stoßen, daß die Erfahrungen, die Menschen auf dem Wege gemacht haben und immer noch machen, so tief gehen, daß sie für die menschliche Existenz schlechthin gelten. Es geht also beim Wandern nicht bloß um eine Fortbewegung, nicht bloß um körperliche Ertüchtigung, um sinnvolle Freizeitbeschäftigung, sondern es werden beim Gehen die tiefsten Schichten des menschlichen Bewußtseins angesprochen. Der Mensch erfährt sich selbst als einen, der wesentlich auf dem Weg ist. Er hat hier keine letzte Bleibe. Der Tod stellt jede Heimat in Frage. Der Tod zeigt dem Menschen, daß er in der Welt im Grund ein Fremdling ist, der nach einer ewigen Heimat sucht, wo er sich endgültig niederlassen kann. Und der Mensch spürt, daß er auf dem Wege immer weiter muß, daß er nicht stehenbleiben kann, ohne mit sich selbst uneins zu werden. Wenn er sich treu bleiben will, so muß er gehen. Wenn er Mensch werden will, muß er wandernd sich wandeln, um im Tod als der letzten Wandlung vom Leben ganz durchdrungen und verwandelt zu werden. Dann hat er seine Bestimmung erfüllt, dann ist er angekommen, daheim. Der Mensch ist nicht bei sich zu Hause, sondern er ist auf dem Weg nach Hause. Und er wird dort nur ankommen, wenn er aus sich selbst auszieht und sich auf den Weg zu Gott macht, der ihn anzieht und solange auf den Weg schickt, bis er sich nicht mehr bei Vorläufigem aufhält, sondern bei Gott selbst ankommt und bei ihm für ewig daheim ist. Im Wandern übt er sich in die Bestimmung seiner Existenz ein. Und eine Theologie des Wanderns läßt ihn bewußter erfahren, was er wandernd tut, daß er letztlich immer auf dem Wege ist, auf dem Wege nach Hause: »Wohin denn gehen wir - immer nach Hause.«

Anmerkungen

[1] Vgl. B. Kraus, Weggeschichten der Bibel: Freie Räume und freie Zeiten, hrsg. v. J.H. Schneider, München 1983, 131f.

[2] J.H. Schneider, Weg und Bewegung. Zur religionspädagogischen Ausfaltung eines christlichen Leitmotivs: Kat.Bl. 105 (1980) 172f.

[3] Vgl. M. Heidegger, Der Feldweg, Frankfurt [7]1983, 5-7.

[4] Vgl. Kraus, Weggeschichten 132.

[5] Vgl. zum Ganzen G. Stählin, xenos: ThWNT V, Stuttgart 1954, 1-35.

[6] Ebd. 25.

[7] Ebd. 30.

[8] Vgl. A. Angenendt, Monachi Peregrini. Studien zu Pirmin und den monastischen Vorstellungen des frühen Mittelalters, München 1972, 129-144.

[9] Mabillon V, 588f, zit. bei J. Leclercq, Monachisme et Pérégrination: Aux sources de la spiritualité occidentale, Paris 1964, 66.

[10] Mabillon I, 372,5, zit. bei J. Leclercq, Mönchtum und Peregrinatio im Frühmittelalter, Röm Quart 55 (1960) 217.

[11] Mabillon III 425, zit. bei Leclercq, Monachisme 64.

[12] Vita Columbani II, 23, zit. bei Angenendt 138.

[13] Vgl. zum folgenden: Angenendt 127ff.

[14] Joh. Cassianus, Collationes III,6, zit. bei Angenendt 128.

[15] Ambrosius, De Abraham II 1, zit. bei Angenendt 129.

[16] PL 73, 1051.

[17] Vgl. Leclercq, Mönchtum 219.

[18] Leclercq, Monachisme 65.

[19] Augustinus, In levit 23,3, zit. bei Leclercq, Mönchtum 214.

[20] Bonifatius, Epistola 38, zit. bei Angenendt 144.

[21] Apophthegma 167: B. Miller, Weisung der Väter, Freiburg 1965.

[22] Zit. in Norddeutscher Wanderer 56 (1981) Titelblatt.

[23] Vgl. Les sentences des pères du désert II, hrsg. v. L. Regnault, Solesmes ²1977, 129, N 592/62.

[24] Vgl. Der Große Duden, Bd 7, Herkunftswörterbuch: »Wandern«.

[25] Hom. in Num. 17,5, zit. bei R. Oursel, Die Pilgerwege nach Compostela, Würzburg 1971, 11.

[26] Sermo 169, zit. ebd. 12.

[27] Beda, Hist. Eccl. III 19, zit. bei Angenendt 147.

[28] H. Frh. v. Campenhausen, Die asketische Heimatlosigkeit im altkirchlichen und frühmittelalterlichen Mönchtum, Tübingen 1930.

[29] Vgl. Angenendt 154.

[30] Ennarr. in Psalm 66, zit. bei Oursel 12.

[31] Sermo 256, zit.: Lektionar zum Stundenbuch II/3, Freiburg 1980, 22.

[32] Zit. bei Oursel 52.

[33] C.G. Jung, Ges. Werke V, Olten 1973, 258.

[34] Vgl. B. Kötting, Peregrinatio religiosa. Wallfahrten in der Antike und das Pilgerwesen der alten Kirche, Münster 1950, 11.

[35] Vgl. ebd. 302.

[36] Vgl. G. Schreiber, Wallfahrt und Volkstum in Geschichte und Leben, Düsseldorf 1934, 2f.

[37] Th. Ohm, Die Gebetsgebärde des Gehens: Ex contemplatione loqui. Gesammelte Aufsätze, Münster 1961, 376-385. Auf diesen Aufsatz beziehen sich die

im Text angegebenen Seitenzahlen.

[38] Th. Ohm, Die Gebetsgebärden der Völker und das Christentum, Leiden 1948, 316f.

[39] Vgl. F. Hauck/S. Schulz, poreuomai: ThWNT VI 570.

[40] Aufrichtige Erzählungen eines russischen Pilgers, hrsg. v. E. Jungclausen, Freiburg [2]1975.

[41] Vgl. Ohm, Die Gebetsgebärde des Gehens 383.

[42] H. Haag, Wanderung und Wandlung. Die Lebensform des Glaubenden, München 1973, 45.

[43] Vgl. ebd. 46.

[44] Vgl. W. Grundmann, Das Evangelium nach Lukas, Berlin [4]1966, 27f.

[45] Vgl. ebd. 200.

[46] Vgl. G. Ebel, Wandel/Weg: Theol. Begriffslexikon zum NT, hrsg. v. L. Coenen, Bd II/2, Wuppertal 1971, 1358ff.

[47] Vgl. W. Grundmann, Das Evangelium nach Matthäus, Berlin 1968, 231.

[48] Vgl. Ebel, Wandel 1362.

[49] Jo tr. XXX IV 9, CC 316, zit. bei R. Schnackenburg, Das Johannesevangelium III. Teil, Freiburg 1975, 73.

[50] Vgl. J. P. Steffes, Wallfahrt in allgemeiner religionswissenschaftlicher Bedeutung: Schreiber, Wallfahrt und Volkstum 199f.

[51] E. Neumann, Kulturentwicklung und Religion, Zürich 1953, 10.

[52] Ebd. 63.

[53] E. Fiorenza, Der Anführer und Vollender des Glaubens. Zum theol. Verständnis des Hebräerbriefes: J. Schreiner (Hrsg), Gestalt und Anspruch des NT, Würzburg 1969, 266.

[54] Ebd. 275.

[55] E. Käsemann, Das wandernde Gottesvolk. Eine Untersuchung zum Hebräerbrief, Göttinger [3]1959, 24.

[56] Ebd. 50.

[57] Vgl. ebd. 54.

[58] Vgl. F. Heiler, Erscheinungsformen und Wesen der Religion, Stuttgart 1961, 147f.

MÜNSTERSCHWARZACHER KLEINSCHRIFTEN
Schriften zum geistlichen Leben
ISSN 0171-6360
herausgegeben von Mönchen der Abtei Münsterschwarzach